essen&leben

SÜDAFRIKA

Das Kochbuch

Edition
Fackelträger

Rezepte: Gertrud Berning
Weinempfehlungen: Christina Fischer und Helena Mariscal Vilar
Gesamtgestaltung: Fackelträger Verlag GmbH, Köln
Bildnachweis: Südafrika Weininformation: S. 7 unten, 9 unten, 10-15, 180 links, 181 oben, 254-255
MEV: S. 17 unten rechts, 86 unten, 108 oben links, 126 oben, 127, 199 unten, 203 unten links, 249 unten;
alle übrigen Abbildungen: TLC Fotostudio

Printed in China

5. Auflage 2007

ISBN 978-3-7716-4333-1

www.fackeltraeger-verlag.de

essen&leben

SÜDAFRIKA

Das Kochbuch

Edition Fackelträger

Inhaltsverzeichnis

Vorwort

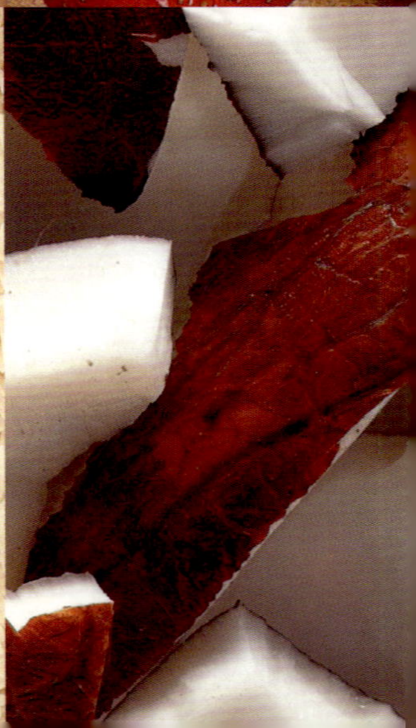

Das Beste aus drei Kontinenten. Europa und Asien treffen sich auf der Südspitze des afrikanischen Kontinents

Schon vor Jahrhunderten etablierte sich in Südafrika, in der so genannten Kap-Küche, ein Kochstil, der unter dem Begriff Fusion-Küche in Europa erst vor kurzem zum Trend wurde: die Mischung der klassisch europäischen Küche mit exotischen Aromen und asiatischem Kochstil. Einwanderer aus Indonesien, die so genannten Kap-Malaien, prägten die heutige Küchenkultur Südafrikas und indische Einwanderer brachten ihre Vorliebe für Currys, Chutneys und Samoesas ein. Fügen wir die Einflüsse der niederländischen und der französischen Küche hinzu, so wundert es nicht, dass in Südafrika die typischen Potjies, die Eintöpfe der Buren, mit malaiischen Gewürzen verfeinert werden, Straußen- und Antilopenfleisch in europäischer Manier kurz gebraten serviert wird, und zu indischen Sateys Wein getrunken wird.

Der Kochstil Südafrikas vereint auf ebenso unkomplizierte wie eigenständige Weise Einflüsse aus den drei Kontinenten Europa, Asien und Afrika und hat sich zu einer äußerst schmackhaften und vor allem abwechslungsreichen Küche entwickelt.

Vorwort

Antilope, Springbock, Strauß & Co. Einige Zutaten der südafrikanischen Küche sind mehr als exotisch.

Die Nationalspeise in Südafrika ist Bredie, ein aromatischer Lammeintopf mit verschiedenen Gemüsesorten und duftenden Wasserlilien, den so genannten Waterblommetjies. Ob Bredie, Bobotie oder Chicken Masala, die Hauptspeisen in Südafrika sind fast immer südostasiatischen Ursprungs. Koriander, Chili und Ingwer, Nelken und Zimt sind hier die typischen Gewürze.

Fleisch ist eine der Hauptzutaten der Kap-Küche. Sehr beliebt ist Lammfleisch, gefolgt von Rindfleisch und Wildbret. Schweinefleisch ist traditionell wenig nachgefragt. Straußenfleisch sollte man sich nicht entgehen lassen, aber auch Springbock, Antilope und Warzenschwein finden sich auf dem Speiseplan.

Fisch und Meeresfrüchte sind entlang der Küsten und in den großen Städten in zahlreichen Zubereitungsarten erhältlich, Spezialitäten sind die riesigen Langusten und der Kap-Lobster.

Die Süßspeisen, Mehlspeisen und Desserts orientieren sich dagegen zumeist an der niederländischen, britischen und deutschen Küche.

Antilope, Wasserlilie, Krokodil – nicht alle Zutaten der nachfolgenden Rezepte sind bei uns erhältlich, deshalb wird stets angegeben, durch welches Produkt die jeweilige Zutat ersetzt werden kann.

Weinland Südafrika

Eine Entdeckung für Genießer – die dynamische Vielfalt der südafrikanischen Weine

An der südlichen Spitze des afrikanischen Kontinents, wo sich Indischer und Atlantischer Ozean treffen, liegt Kapstadt, eine der großen Weinhauptstädte der Welt und das Tor zum Weinland Südafrika. Seit über 350 Jahren verschmelzen im Schatten des weltberühmten Wahrzeichens, dem Tafelberg, die Kulturen von Europa, Afrika und Asien. Dieses Gebiet hat schon viele historische Ereignisse in der Geschichte Südafrikas erlebt – hier unternahm Nelson Mandela 1990 seine berühmten ersten Schritte auf dem Weg in die Freiheit. Hier ernannte vier Jahre später Erzbischof Tutu die neue südafrikanische Nation zur Regenbogennation Gottes und die „Rainbow Nation" blühte auf. Heute ist Südafrika ein demokratischer Staat, ein dynamisches und vielfältiges Land.

Weinbau-gebiete

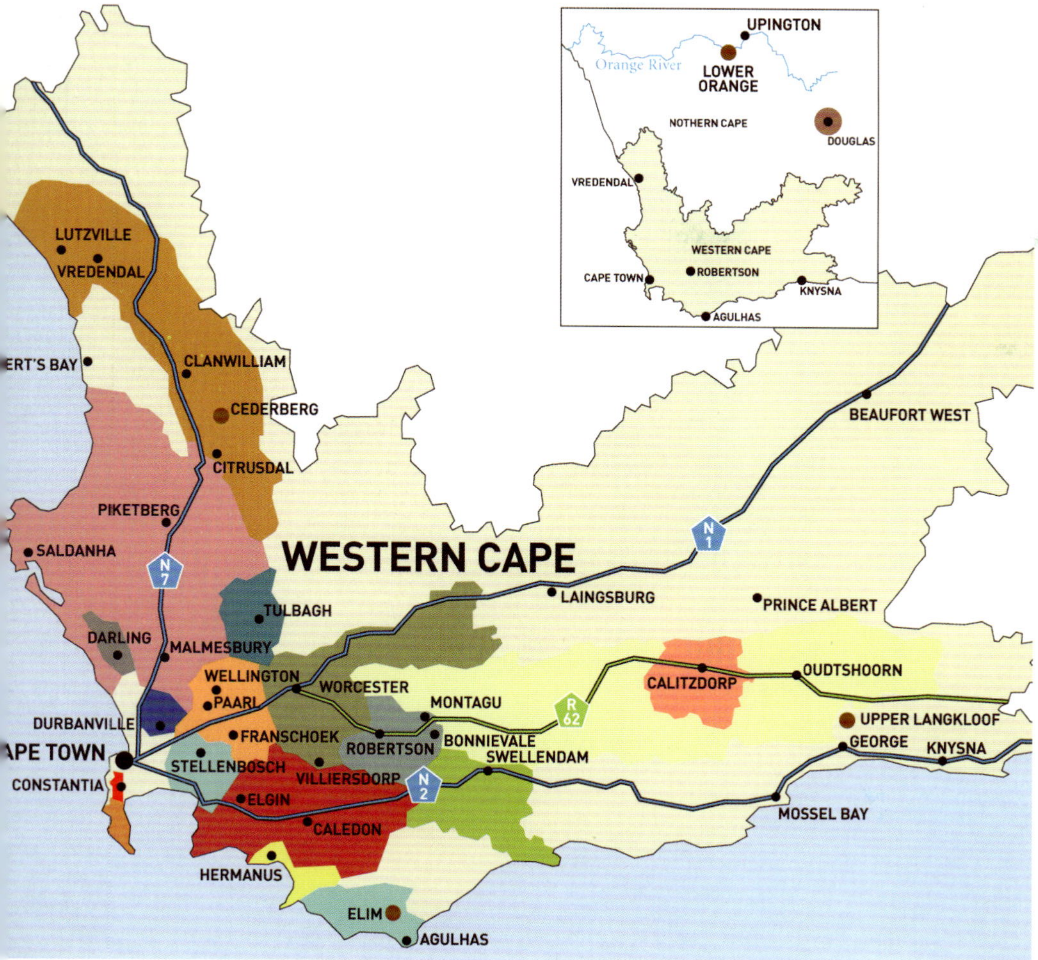

Die Geschichte des Weinbaus reicht mehr als 350 Jahre zurück, und das Weinland Südafrika bietet heute interessante Weine, die wunderbar die einzigartigen Böden, die außergewöhnliche Vielfalt der Natur sowie die Begeisterung der Menschen und die Lebensfreude des Kaps zum Ausdruck bringen. Die Weinbaugebiete liegen im so genannten „Cape Floral Kingdom". Mit 9600 Pflanzenarten – dies sind mehr Arten als auf der gesamten nördlichen Halbkugel – ist es das kleinste und vielfältigste der sechs weltweit existierenden Florenreiche. Allein auf dem Tafelberg gibt es mehr Pflanzenarten als im gesamten Vereinigten Königreich. 70 Prozent der hier vorkommenden Arten gibt es sonst nirgends auf der Welt. Die südafrikanische Weinwirtschaft hat sich mit Hilfe der „Biodiversity & Wine Initiative" dazu bereit erklärt, die Artenvielfalt auch auf den Farmen zu erhalten und zu schützen. Derzeit erstrecken sich etwa 100 000 ha Weinberge rund um Kapstadt über ein Gebiet, das etwa 800 km lang ist. Die Weinberge werden von etwa 4400 Traubenbauern bewirtschaftet und mehr als 560 Kellereien stellen Wein her. 1973 wurde in Südafrika ein Weingesetz, das „Wine of Origin" erlassen, um die einzigartigen Merkmale der Weine zu stärken und die Herkunftsbezeichnung „Südafrika" zu schützen. Berücksichtigt werden dabei auch die Stilistik der Rebsorten und die Ausprägungen des Jahrgangs. Die südafrikanischen Anbaugebiete wurden deshalb in Regionen unterteilt und diese wiederum in kleinere definierte Produktionseinheiten wie District (Gebiet), Ward (Bezirk) und Estate (Weingut). Diese Klassifizierung wird vom „Wine and Spirit Board" überwacht und ist dem Landwirtschaftsministerium unterstellt. Ein Siegel, angebracht auf der Flasche, garantiert dem Weinfreund die Zuverlässigkeit aller Angaben zu Herkunft, Rebsorte und Jahrgang, die auf dem Etikett erscheinen. Anhand der Codierung lassen sich alle Produktionsschritte bis in den Weinberg zurückverfolgen.

Mit dem politischen Umschwung im Jahr 1994 begannen die Winzer, zum einen neuen Lagen und Mikroklimata nachzuspüren, während man sich zum anderen in den klassischen Districts darauf konzentrierte, die Vorzüge des südafrikanischen Klimas und der Böden geschickter und bewusster zu nutzen. Wie in anderen Ländern der Neuen Welt erkannte man, dass gemäßigteres Klima für die Erzeugung ausgewogener aromatischer Weine geeigneter ist als heißes Klima. Seitdem hat man in Küstennähe neue Terroirs entdeckt, auf denen begeisternde Weine – insbesondere Sauvignon Blancs – wachsen. Elim und Elgin, Durbanville und Darling sind einige dieser neuen Gebiete. Traditionelle kühlere küstennahe Gebiete sind Constantia und Walker Bay bei Hermanus. Stellenbosch, der berühmteste Ort dieser Weinregion gilt als Eldorado für Rotweine, insbesondere Cabernet Sauvignons bzw. Bordeaux-Blends. Das ebenso bekannte Paarl besitzt ein wärmeres Klima, welches vor allem dem Shiraz ausgezeichnet bekommt, während der traumhaft schöne, von Bergen umrahmte Ward Franschhoek exzellente Cabernets und Cape Classics – südafrikanische Schaumweine – liefert und gleichzeitig wegen seiner zahlreichen Restaurants als Tal der Gourmets berühmt geworden ist. Nördlich von Kapstadt liegt Swartland, die Kornkammer Südafrikas, wo auf Schieferböden kraftvolle Rotweine gedeihen. Ähnliche Bedingungen finden sich im District Piketberg und am Olifants River, wo Reben auf sandigen und lehmigen Böden wachsen – mit Ausnahme der spektakulären und kühlen Berglagen von Cederberg und Piekenierskloof.

In Tulbagh, auf drei Seiten von den Winterhoek-Bergen eingeschlossen, entdecken die Winzer dank moderner Weinbaupraktiken ihr Potenzial für hochwertige Weiß- und Rotweine.

Wichtigste Rebsorten

Weißwein:

Chenin Blanc: Wenn auch mit rückläufiger Tendenz, ist Chenin Blanc die stärkste weiße Rebsorte am Kap. Die Winzer sind bestrebt, den Qualitätsstandard der Chenin-Blanc-Weine zu steigern und in verschiedenen Stilrichtungen auszubauen. Chenin Blanc ist durch seine bekömmlichen Aromen der ideale Begleiter zu Fisch und Geflügel.

Sauvignon Blanc: Der international gefragte Aufsteiger, in sehr frischem und elegantem Stil, mit Aromen grüner Früchte, Cassisblätter und Spargel oder reifer mit Zitrus-, exotischer Frucht und Lychee. Ausgezeichnet als Aperitif, zu Spargel, Meeresfrüchten oder Curry.

Chardonnay: Der Tausendsassa, reicht vom einfachen, dezent fruchtigen, süffigen Weißen über mittelklassige, würzigere Vertreter mit Vanillenote bis zu anspruchsvollen, teils rassigen Spitzenweinen, die exquisite Fischgerichte und Krustentiere begleiten sollten.

Rotwein:

Cabernet Sauvignon: Führende rote Rebsorte am Kap, mit Cassis- und Paprika-Aromen, oft im Barrique gereift, mit würzigen Holznoten. Sortenrein, aber auch als Cuvée. Passt zu Braai, Stews und Steaks.

Shiraz: Diese Rebsorte fühlt sich im Klima des Kaps besonders wohl und produziert sehr intensive vollmundige Weine. In den letzten Jahren wurde Shiraz in den wärmeren Anbaugebieten verstärkt angepflanzt und bietet für Südafrika großes Profilierungspotenzial. Tiefdunkel, mit viel Frucht und natürlicher Würze, plus Kokos- und Röstnoten vom kleinen Eichenfass. Spannend mit Bobotie, Ente oder Kaninchen.

Merlot: Diese Rebsorte wurde traditionell mit Cabernet Sauvignon zu Cuvées verarbeitet. Inzwischen wird Merlot auch vermehrt sortenrein abgefüllt. Diese fruchtige, vollmundige Rebsorte findet sich in Stellenbosch, Paarl und Worchester sowie entlang der Westküste. Der Schmeichler, oft sehr samtig, mit attraktiver Beerenfrucht, zugänglich und leicht, schmeckt zu Lamm und Pasta mit Fleischsaucen.

Pinotage: 1925 kreuzte ein südafrikanischer Forscher an der Universität Stellenbosch die Rebsorte Pinot Noir (Spätburgunder) mit der Sorte Hermitage (Cinsault): Das war die Geburtsstunde des Pinotage. Dieser Wein schmeckt vollmundig würzig und hat ein gutes Reifepotential. Er ist bis heute eine echte südafrikanische Spezialität. Süßwürzige Frucht, samtig und tanninbetont, als Cape Blend mit Cabernet und Merlot oft sehr reizvoll und köstlich zu Bobotie, Braai und exotischer Küche.

Vorspeisen und Snacks

Die Vorspeisen und Snacks der multikulturellen Kap-Küche sind für den kleinen Hunger ideal.

Diese Gerichte sind oftmals recht einfach und unkompliziert. Sie reichen von schlichten Dörrfleisch-Häppchen über delikate Spießchen bis zu köstlich gefüllten Samoesas, Teigtaschen, die aus der indischen Küche stammen und besonders rund um die Stadt Durban sehr beliebt sind.

Den französischen Einwanderern, den Hugenotten, die sich im 17. Jahrhundert auf der Suche nach freier Religionsausübung in der Kap-Provinz ansiedelten, verdanken wir wunderbare Rezepte für Obst, Gemüse und Patés.

Gute Freunde und guter Wein gehören zu den besten Begleitern eines köstlichen Mahls, deshalb empfehlen wir Ihnen zu einigen Gerichten ausgewählte Weine aus Südafrika. Wo Sie diese Weine beziehen können, entnehmen Sie bitte dem Bezugsquellennachweis auf den Seiten 254–255.

Vorspeisen und Snacks

Vorspeisen sind besonders bei den Nachfahren der weißen Siedler beliebt.

Die europäische Tradition, Speisen in einer Menüfolge zu servieren und zu genießen, hat sich in Südafrika durchgesetzt. Die Anzahl typisch afrikanischer Gerichte ist beim kulinarischen Auftakt allerdings gering.

Von Paté bis Pumkin Fritters reicht die Palette der Vorspeisen am Kap, die deutlich auf eine europäische Herkunft verweisen. Waren es im 17. und 18. Jahrhundert die holländischen, deutschen und französischen Siedler, die die südafrikanische Küche bereicherten, wurde ab Beginn des 19. Jahrhunderts der englische Einfluss auf die Kap-Küche dominant.

Abgerundet wird das schmackhafte Angebot von Vorspeisen durch asiatische Snacks deren Beliebtheit unübertroffen ist.

Vorspeisen und Snacks

Biltong ist seit den Vortrekkern der Snack Nummer eins

Seit dem 17. Jahrhundert ist Biltong aus der südafrikanischen Küche nicht mehr wegzudenken. Damals wurde Wildfleisch – von Springbock, Strauß oder Kudu – von den Buren mit Essig, Salz, Koriander und Pfeffer an der Luft getrocknet und in lange, dünne Streifen geschnitten. So war nicht nur die Grundversorgung auf den Treks gesichert, auch der hohe Salzbedarf in dem heißen Klima war damit gedeckt.

Heute wird Biltong in Südafrika zu wirklich jeder Gelegenheit verzehrt oder als würzige Zutat zu Mais und Gemüse oder in Pasteten und Blätterteig verwendet. Es ist in jedem Geschäft, in Fleischereien und – als praktische Reiseverpflegung – selbst an Tankstellen erhältlich.

Biltong

- 2 kg Fleisch von Wild, Strauß oder Kudu
- 2 Tl Koriandersamen
- 2 Tl grob geschroteter schwarzer Pfeffer
- 3 El brauner Zucker
- 1/2 Tl Salpeter
- 150 ml Rotwein-Essig
- 4 El Salz

Das Fleisch in etwa 15 cm lange und 4 cm dicke Streifen schneiden. Gerösteten Koriandersamen mit Pfeffer, Zucker und Salpeter zerstoßen.

Die Fleischstreifen mit Rotwein-Essig einreiben und schichtweise in eine Form legen. Mit dem Salz sowie der zerstoßenen Gewürzmischung bestreuen und abgedeckt im Kühlschrank ruhen lassen.

Nach 12 Stunden die dünneren Streifen herausnehmen und die dickeren 12 Stunden weiter marinieren.

Die Fleischstreifen anschließend kurz in kochendes Wasser tauchen und gut abtrocknen. An einem luftigen Ort aufhängen und etwa 5 Tage trocknen lassen.

GEFLÜGELLEBERPASTETE
MIT PORTWEIN

GEFLÜGELLEBERPASTETE
MIT ANANAS

LEBERPASTETE MIT PEPERONI

SCHWEINELEBERPASTETE MIT GEMÜSE

REHPASTETE MIT KRÄUTERN

HIRSCHPASTETE MIT PILZEN UND NÜSSEN

Rehleberpastete

Für 4 Portionen
700 g Rehleber*
300 g Champignons*
2 Zwiebeln
275 g Butter
200 ml trockener Weißwein
125 ml trockener Sherry
1 Prise gem. Nelken
frisch geriebene Muskatnuss
etwas Cayennepfeffer
1/2 Bund Dill

Zubereitungszeit 25 Minuten (plus Kühlzeit)
Pro Portion ca. 393 kcal/1648 kJ
38 g E · 19 g F · 11 g KH

Rehleberpastete
Die Leber parieren. Die Pilze sauber bürsten und in kleine Würfel schneiden. Die Zwiebeln schälen und fein hacken.

In einer Pfanne 3 El Butter zerlassen und die Zwiebeln darin andünsten. Leber und Pilze dazugeben und 5 Minuten mitbraten.

Wein und Sherry dazugießen. Alles mit Nelke, Muskatnuss und Cayennepfeffer kräftig abschmecken und 5 Minuten köcheln lassen.

Vom Herd nehmen, abkühlen lassen und über Nacht in den Kühlschrank stellen. Die Masse anschließend mit dem Mixer fein pürieren. Nach und nach die restliche Butter dazugeben und alles zu einer geschmeidigen Paste verarbeiten.

Den Dill waschen, trockenschütteln, sehr fein hacken und mit der Pastetenmasse vermischen. Alles in eine Pastetenform geben und glatt streichen. Vor dem Servieren mindestens 3 Stunden kalt stellen.

In Südafrika wird diese Pastete aus der Leber von Springböcken zubereitet.

* Die mit einem Sternchen versehenen Zutaten können ausgetauscht werden. Gewürze und Kräuter je nach Belieben.

MIT BOBOTIE GEFÜLLT

MIT GEMÜSE-CURRY GEFÜLLT

MIT FLEISCH UND SAUCE GEFÜLLT

MIT KARTOFFEL-PORREE-CURRY GEFÜLLT

MIT GRILLSAUCE UND REIS GEFÜLLT

MIT GEBRATENEM FISCH UND CHILIPASTE GEFÜLLT

Chapati

Für 4 Portionen
600 g Mehl
Salz
ca. 150 ml Öl
Mehl zum Ausrollen
300 g Möhren*
1 Bund Frühlingszwiebeln*
2 El Butterschmalz
175 g abgetropfte Sojasprossen*
Pfeffer

Zubereitungszeit 55 Minuten (plus Zeit zum Gehen, plus Backzeit)
Pro Portion ca. 615 kcal/2583 kJ
15 g E · 14 g F · 106 g KH

Chapati
Das Mehl mit 1 Tl Salz vermischen. Mit 250 ml Wasser und 100 ml Öl zu einem weichen Teig verarbeiten. Anschließend auf einer bemehlten Arbeitsfläche 5 Minuten durchkneten. Teig in eine gefettete Schüssel legen und zugedeckt 30 Minuten ruhen lassen.

Den Teig zu 8 dünnen Fladen ausrollen. Teigfladen mit je 1 Tl Öl beträufeln, die Seiten einschlagen und wieder zu einer Kugel formen. Teigkugeln auf etwas Mehl wieder dünn ausrollen.

Eine Pfanne mit Öl auspinseln und erhitzen. Die Teigfladen darin von beiden Seiten 2–3 Minuten braten. Anschließend warm stellen.

Möhren und Frühlingszwiebeln putzen bzw. schälen, waschen und klein schneiden. In Butterschmalz gar dünsten, Sojasprossen dazugeben, alles salzen und pfeffern. Chapati damit füllen.

Chapati können in einem dicht schließenden Gefäß aufbewahrt werden, so werden sie nicht hart.

* Die mit einem Sternchen versehenen Zutaten können ausgetauscht werden. Gewürze und Kräuter je nach Belieben.

Mais zählt zu den Grundnahrungsmitteln der farbigen Bevölkerung Südafrikas. Das Getreide stammt ursprünglich aus Mexiko, verbreitete sich aber mit der Entdeckung Amerikas schnell über den Erdball. Wie in den meisten Ländern, in denen Mais hauptsächlich in Form von Maismehl gegessen wird, wird das Korn zunächst in etwas gebranntem Kalk gekocht, von der Hülse befreit, noch einmal getrocknet und erst dann zermahlen. Einige Eiweißstoffe des Mais werden nur so für den Menschen verwertbar; zudem verbessern sich Geschmack und Backeigenschaften.

Maiskügelchen mit Biltong

Für 4 Portionen
Salz
750 g Maismehl
175 g Biltong oder Bündnerfleisch
Butter für die Form
etwas Tomaten-Relish (FP)

Zubereitungszeit 25 Minuten
(plus Koch- und Backzeit)
Pro Portion ca. 883 kcal/3707 kJ
44 g E · 17 g F · 136 g KH

Maiskügelchen mit Biltong
Den Backofen auf 180 °C vorheizen. 1 l Wasser in einem großen Topf aufkochen und salzen. Das Maismehl auf einmal hineinschütten, die Hitze reduzieren und alles unter ständigem Rühren solange köcheln lassen, bis der Maisbrei dick geworden ist. Anschließend in eine mit Butter eingefettete Backform füllen und glatt streichen.

Den Maisbrei im vorgeheizten Backofen bei 180 °C etwa 20 Minuten backen lassen. Herausnehmen und abkühlen lassen.

Inzwischen Biltong in dünne Scheiben schneiden. Mit einem Esslöffel von der Maismasse kleine Nockerl abstechen und etwas rund formen. Das Bündnerfleisch darauf legen und mit etwas Tomaten-Relish garniert servieren.

KWV
ROODEBERG
WINE OF WESTERN CAPE
2003
PRODUCT OF SOUTH AFRICA

Pumpkin Fritters

Das Kürbisfleisch mit einer Gabel zerdrücken. Die Eier verquirlen und darunter rühren. Das Mehl mit 1 Tl Salz und dem Backpulver vermischen. Das Mehlgemisch zum Kürbisgemisch geben und alles vermengen.

Für die Sauce 250 ml Wasser mit dem Zucker, der Milch, der Butter und 1 Prise Salz zum Kochen bringen. Die Stärke mit etwas Wasser verrühren und unter die kochende Mischung rühren. Im offenen Topf 4 Minuten stark kochen lassen.

Das Öl langsam erhitzen, den Teig mit einem Teelöffel portionsweise hineingeben und rundherum goldbraun backen lassen. Herausnehmen, auf Küchenpapier abtropfen lassen und warm halten. Mit der Sauce servieren.

Pumpkin Fritters

Für 4 Portionen
800 g gegartes Kürbisfleisch
3 kleine Eier
275 g Mehl
Salz
1 Tl Backpulver
40 g Zucker
125 ml Milch
25 g Butter
1 Tl Speisestärke
Öl zum Frittieren

Zubereitungszeit 25 Minuten
(plus Frittierzeit)
Pro Portion ca. 885 kcal/3712 kJ
15 g E · 20 g F · 160 g KH

Weinempfehlung
2003 Roodeberg
KWV Paarl
Wine of Western Cape

Diese harmonische Cuvée aus roten Rebsorten der westlichen Kapregion genießt seit vielen Jahrzehnten unverändert weltweite Beliebtheit. Das verdankt der Wein seiner soliden und gleichbleibenden Qualität. Zweifellos ein Rotwein für den sofortigen Genuss und nicht für jahrzehntelange Lagerung. Dunkle Beerenfrucht, verhaltene Zimt-Noten, Vanille, Zedernholz und ein wenig Schokoladenaroma geben ihm eine samtige und weiche Struktur. Leicht gekühlt, bringt er seine fruchtigen und leicht würzigen Komponenten am besten ins Spiel und passt sich der süß-herzhaften Geschmacksrichtung der Pumpkin Fritters bestens an.

Baba Ganoush mit Fladenbrot

Für 4 Portionen
3 El Sesamsamen
3 El Mohnsamen
2 El gehackter Thymian
150 ml Olivenöl
2 Fladen- oder Pita-Brote
2 Auberginen
2 Knoblauchzehen
4 El Tahin (Asialaden)
40 g gemahlene Mandeln
Saft von ½ Zitrone
½ Tl Kreuzkümmel, ½ Tl Salz
10 Minzeblätter

Zubereitungszeit 10 Minuten (plus Grillzeit)
Pro Portion ca. 298 kcal/1218 kJ
7 g E · 18 g F · 25 g KH

Baba Ganoush mit Fladenbrot
Den Sesam in einer Pfanne ohne Fett rösten. Abkühlen lassen und anschließend mit dem Mohn und dem Thymian in einem Mörser zerstoßen. 125 ml Öl unterrühren. Die Fladenbrote waagerecht durchschneiden. Mit der Ölmischung bestreichen und anschließend knusprig braun grillen.

Die Auberginen waschen, abtrocknen und auf den heißen Grill legen. Unter ständigem Wenden grillen, bis die Oberfläche schwarz wird und Blasen wirft. Die Auberginen schälen, grob hacken, in einem Sieb abtropfen lassen, anschließend ausdrücken und fein pürieren.

Den Knoblauch schälen, hacken und mit Tahin, Mandeln, Zitronensaft, Kreuzkümmel und Salz zu einer glatten Paste mixen und mit der Auberginenpaste vermischen.

Die Minze waschen, trockenschütteln, die Hälfte grob hacken und unterrühren. Baba Ganoush auf die Hälfte der Brote streichen, mit der restlichen Minze bestreuen und mit restlichem Olivenöl beträufeln. Mit den restlichen Brothälften bedecken.

Die Südafrikaner dippen als Vorspeise gern Brot in verschiedene Saucen. Eine der beliebtesten ist **Tahin**, eine kalte Sauce aus zerstoßenen Sesamsamen, die mit Öl, Knoblauch, Zitrone und Salz abgeschmeckt wird. Tahin stammt eigentlich aus der arabischen Küche und wird aus geschältem oder ungeschältem Sesam oder aus einer Mischung beider Saaten hergestellt. In arabischen oder asiatischen Lebensmittelläden gibt es die Sesampaste fertig zu kaufen.

Hecht-Paté

Hecht-Paté

Den Fisch entgräten und mit einer Gabel in kleine Stücke zupfen. Anschließend mit dem Wein und der Butter in einer Schüssel vermischen. Alles mit dem Mixer pürieren, bis eine glatte Paste entsteht.

Die Zitronenschale, den Zitronensaft und den frisch gemahlenen Pfeffer dazufügen und alles gründlich vermischen. Die Sahne steif schlagen und unterheben.

Für 4 Portionen
1 kg geräucherter Hecht
ca. 300 ml Weißwein
75 g Butter
abgeriebene Schale und Saft von
1 unbehandelten Zitrone
½ Tl frisch gemahlener
schwarzer Pfeffer
200 ml Sahne

Zubereitungszeit 15 Minuten
(plus Kühlzeit)
Pro Portion ca. 318 kcal/1302 kJ
27 g E · 17 g F · 8 g KH

Die Masse in eine Schüssel füllen und zugedeckt mindestens 2–3 Stunden im Kühlschrank durchziehen lassen. Mit frischem Brot servieren.

In Südafrika wird dieses Gericht mit geräuchertem Snoek zubereitet.

SAMOESAS MIT ROTEN UND GRÜNEN CHILISCHOTEN

SAMOESAS MIT SCHWEINEHACK UND MANGOWÜRFELN

SAMOESAS MIT RINDERHACK UND GETROCKNETEN TOMATEN

SAMOESAS MIT RINDERHACK, PAPRIKA UND PILZEN

SAMOESAS MIT SCHWEINEHACK UND ROSINEN

SAMOESAS MIT LAMMHACK, KNOBLAUCH UND PETERSILIE

Samoesas

Für 4 Portionen
375 g Mehl, Salz
etwas Kurkuma
1 Tl Essig
2 Zwiebeln
2 Knoblauchzehen
5 Frühlingszwiebeln*
4 getrocknete Chilis
1 El Öl
500 g Lammhackfleisch*
1 Tl gehackter Ingwer*
2 Tl gehackter Koriander
1 Tl Garam Masala
Mehl zum Ausrollen
Öl zum Frittieren
Chutney zum Servieren

Zubereitungszeit 35 Minuten (plus Backzeit)
Pro Portion ca. 605 kcal/2541 kJ
35 g E · 19 g F · 73 g KH

Samoesas
Das Mehl mit 1 Msp. Salz, 1 Prise Kurkuma, 250 ml Wasser und dem Essig zu einem Teig verarbeiten und beiseite stellen.

Für die Füllung die Zwiebeln und den Knoblauch schälen und fein hacken. Die Frühlingszwiebeln putzen, waschen und in feine Ringe schneiden. Die Chilis fein hacken.

Das Öl erhitzen, Zwiebeln und Knoblauch darin glasig dünsten. Das Hackfleisch dazugeben und unter ständigem Rühren anbraten. Den Ingwer mit Koriander, Garam Masala, Chilis und 1 Tl Salz dazufügen und braten, bis alle Flüssigkeit verdunstet ist. Anschließend abkühlen lassen.

Den Teig auf etwas Mehl dünn ausrollen und Kreise (13 cm Ø) ausstechen. Auf jeden Teigkreis etwa 2 Tl Füllung geben, Teig zusammenfalten, Ränder andrücken, einschneiden und die Teigtaschen 20 Minuten ruhen lassen.

Inzwischen Öl in einer Fritteuse erhitzen. Die Teigtäschchen portionsweise darin goldgelb ausbacken. Herausnehmen, auf Küchenpapier abtropfen lassen und warm oder kalt mit einem Chutney servieren.

* Die mit einem Sternchen versehenen Zutaten können ausgetauscht werden. Gewürze und Kräuter je nach Belieben.

In Südafrika wird dieses Gericht mit Krokodilfleisch zubereitet.

Krokodilfleisch ist sehr fettarm und zart, es enthält kaum Cholesterin, dafür aber hochwertige Proteine und mehrfach ungesättigte Fettsäuren. Geschmacklich ist es eine Mischung aus Geflügel- und Kalbfleisch. Frei lebende Krokodile sollen einen leichten Fischgeschmack haben. Da das Fleisch sehr mild ist, nimmt es schnell den Geschmack der verwendeten Gewürze an. In der Regel wird das muskulöse Fleisch des Schwanzes verwendet.

Für 4 Portionen
3 Zitronen
150 ml Öl
5 Knoblauchzehen
2 Zwiebeln
1 Stück frischer Ingwer, ca. 4 cm
5 Chilis
500 g Hähnchenfilet
200 ml Kokosmilch
150 ml Sojasauce
8–12 kleine Holzspieße

Zubereitungszeit 20 Minuten
(plus Marinier- und Grillzeit)
Pro Portion ca. 222 kcal/932 kJ
27 g E · 5 g F · 14 g KH

Mini-Sosaties mit Hähnchenfilet

Mini-Sosaties mit Hähnchenfilet
Für die Marinade die Zitronen auspressen und den Saft in eine Schüssel geben. Das Öl darunter schlagen. Den Knoblauch und die Zwiebeln schälen und fein gehackt dazugeben. Den Ingwer ebenfalls schälen, in feine Streifen schneiden und dazugeben. Die Chilis putzen, waschen und halbieren, den Stielansatz und die Kerne entfernen, Schoten fein hacken und ebenfalls dazugeben. Alles verrühren.

Das Fleisch in dünne Streifen schneiden Mit der Marinade gründlich vermischen und im Kühlschrank 30 Minuten marinieren lassen.

Herausnehmen und wellenförmig auf Holzspießchen stecken. Spieße grillen, bis das Hähnchenfleisch gar ist. Zwischendurch wenden und mit der Marinade beträufeln.

Die Kokosmilch mit der Sojasauce verrühren, dicklich einköcheln lassen und zu den Sosaties servieren.

AFRICAN COLLECTION
2004
SHIRAZ
WINE OF SOUTH AFRICA

Biltong-Knusperteigrollen

Den Blätterteig nach Packungsanleitung auftauen lassen und auf etwas Mehl etwa 3 mm dick ausrollen. Den Salbei waschen, trockenschütteln und die Blättchen von den Stielen zupfen. Salbeiblättchen anschließend gleichmäßig auf den Teig streuen. Den Käse fein reiben und ebenfalls auf dem Teig verteilen.

Biltong in sehr dünne Scheiben schneiden, auf den Käse legen und alles zu einer festen Rolle aufrollen. Die Rolle in Klarsichtfolie gewickelt etwa 2 Stunden im Kühlschrank ruhen lassen.

Backofen auf 225 °C vorheizen. Die Teigrolle in ca. 5 mm dicke Scheiben schneiden und auf ein mit Backpapier belegtes Backblech legen. Im vorgeheizten Backofen bei 225 °C etwa 6 Minuten backen. Herausnehmen, die Scheiben vorsichtig wenden und 6 Minuten weiter backen lassen. Herausnehmen und auf einem Gitter auskühlen lassen.

Biltong-Knusperteigrollen

Für 4 Portionen
400 g TK-Blätterteig
3 Stiele Salbei
100 g würziger Käse
175 g Biltong
(ersatzweise Bündnerfleisch)
Mehl zum Ausrollen
Klarsichtfolie
Backpapier

Zubereitungszeit 25 Minuten
(ohne Back- und Kühlzeit)
Pro Portion ca. 675 kcal/2835 kJ
38 g E · 46 g F · 29 g KH

Weinempfehlung

2004 Shiraz
African Collection
Wine of Origin Robertson

Ein anschmiegsamer, gezähmter Shiraz mit modernen Zügen. Die typisch rauchigen Noten begleiten eine insgesamt eher fruchtig ausgeprägte Aromenstruktur. Heidelbeeren, Waldbeeren, getrocknete Pflaumen, Lakritz und dunkle Schokolade sind die dominierenden Aromen dieses Rotweines. Trotz seines relativ hohen Alkohols bereitet der Shiraz außerordentlichen Trinkspaß, weil er über eine gut eingebundene Säure und immense Fruchtaromen verfügt. Richtig punkten kann er dann in Kombination mit den Knusperteigrollen, die mit Salbei und getrocknetem Biltong-Wildfleisch gefüllt sind.

Bredies, Potjies und Boboties

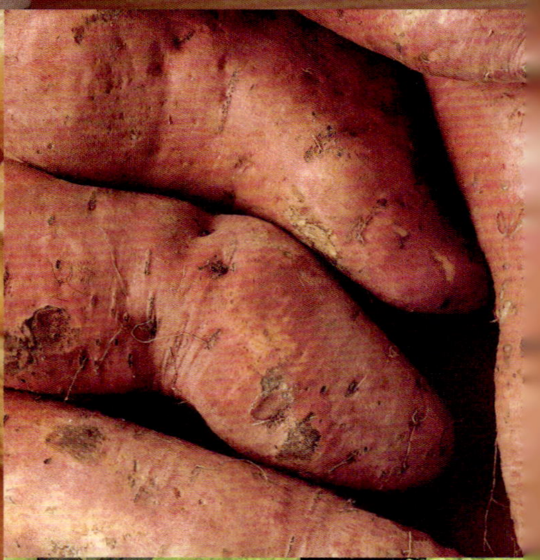

Paradebeispiele für afrikanisches Slowfood: Bredies und Potjies

Bredie ist der Oberbegriff für die typischen südafrikanischen Fleisch- und Gemüseeintöpfe. Sie sind zahlreich auf den Speisekarten zu finden, denn das Angebot an frischem Gemüse sowie Fisch, Fleisch und Meeresfrüchten ist sehr reichhaltig und von ausgezeichneter Qualität. Was liegt also näher als daraus einen nahrhaften Eintopf oder eine feine Suppe zuzubereiten? Curry, Kokosmilch, Minze und Erdnussbutter geben den Gerichten ihr einzigartiges Aroma.

Bredies, Potjies und Boboties

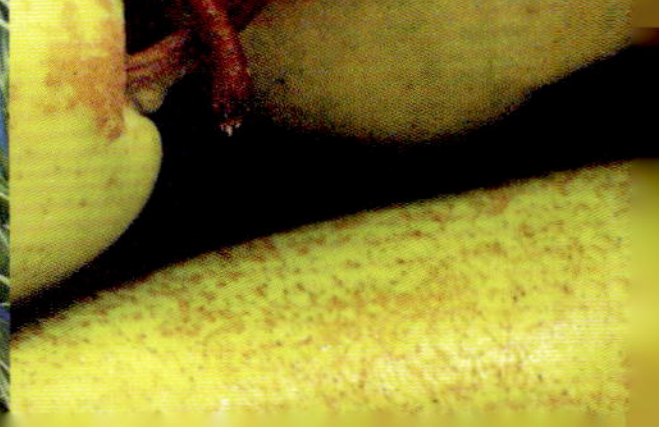

Von fruchtiger Papayasuppe bis zum kräftigem Hühner-Potjie reicht das Angebot an Suppen und Eintöpfen.

Auf die Vortrekker scheint die Vorliebe der Südafrikaner für Eintopfgerichte zurückzugehen. Traditionell wurden die so genannten Potjies – die Gerichte sind nach dem Kochgeschirr benannt – in einem gusseisernen dreibeinigen Topf, dem Potjeko, über dem offenen Feuer gegart.

Dabei folgte man so weit es ging den aus Europa bekannten Rezepten, die man jedoch um exotische Zutaten, besonders um Wildbret und Geflügel bereicherte. Die Zugabe von Straußenfleisch oder Warzenschwein machte aus vielen Klassikern der europäischen Küche eigenständige Gerichte, die den exotischen Zauber Südafrikas in sich tragen.

Suppen werden kalt oder warm serviert und reichen vom nahrhaften Eintopf, der eine komplette Mahlzeit darstellt bis zur feinen Fruchtsuppe, die zum Auftakt eines Menüs gereicht wird.

Je nach Geschmack sind die Suppen leicht und klar oder mit einer Vielzahl von Zutaten angereichert. Immer sind sie mehr als delikat gewürzt und trotz ihres Gehaltes sehr gut verträglich, darin liegt ein echtes Geheimnis der Kap-Küche.

Bredies, Potjies und Boboties

Bredies sind möglicherweise durch den Einfluss der englischen Küche entstanden und wurden der afrikanischen Küche angepasst.

Jedes Bredie trägt den Namen des im Gericht hauptsächlich verwendeten Gemüses. Der beliebteste ist wohl der Waterblommetjie-Bredie, der mit Wasserlilien zubereitet wird. Bredie sollte immer langsam gegart werden, damit sich die unterschiedlichen Aromen von Gemüse und Fleisch verbinden.

Tomaten-Bredie

Für 4 Portionen

- 1 Msp. gehackter Thymian
- etwas Zucker
- 3 El Öl
- 4 große Zwiebeln
- 2 Knoblauchzehen
- 1 kg Lammkoteletts
- Salz
- Pfeffer
- 250 ml Fleischbrühe
- 8 große Tomaten
- 4 Kartoffeln

Zubereitungszeit 20 Minuten
(plus Garzeit)
Pro Portion ca. 838 kcal/3518 kJ
70 g E · 45 g F · 37 g KH

Thymian, 1 Prise Zucker und Öl in einem Topf erhitzen. Zwiebeln schälen, in Ringe schneiden und darin andünsten. Knoblauch schälen und dazupressen.

Lammkoteletts mit 1/2 Tl Salz, Pfeffer und Brühe dazugeben. Zugedeckt etwa 10 Minuten köcheln lassen.

Tomaten waschen und grob zerkleinert in den Topf geben. Kartoffeln schälen, waschen, würfeln, unterheben und den Eintopf noch etwa 10 Minuten langsam weiter garen lassen.

MIT LAMMFLEISCH, KNOBLAUCH UND ÄPFELN

MIT RINDFLEISCH, ROSINEN UND ZWIEBELN

MIT SCHWEINEFLEISCH, ANANAS, ZWIEBELN UND CHILI

MIT LAMMFLEISCH, WEINTRAUBEN UND KURKUMA

MIT LAMMFLEISCH, WEINTRAUBEN UND ÄPFELN

MIT STRAUSSENFLEISCH, CHUTNEY, APRIKOSEN UND ZWIEBELN

Kap-malaiischer Bobotie

Für 4 Portionen
1 Stück Ingwerwurzel, ca. 3 cm
1 El Curry, 1–2 El brauner Zucker
Salz, Pfeffer
5 Zwiebeln
100 g Butter, 125 g Rosinen*
2 El Aprikosenmarmelade
2 El Weinessig
3–4 El Chutney
1–2 Tl Worcestersauce
1 ½ El Tomatenmark
300 g Hackfleisch*
300 g Rindertartar*
3 Scheiben Weißbrot
300 ml Milch, 2 Eier
100 g geriebener Parmesan

Zubereitungszeit 25 Minuten (plus Gar- und Backzeit)
Pro Portion ca. 748 kcal/3140 kJ
46 g E · 43 g F · 44 g KH

Kap-malaiischer Bobotie

Den Backofen auf 175 °C vorheizen. Den Ingwer schälen und fein reiben. Mit Curry, Zucker, 2 Tl Salz und ½ Tl Pfeffer in einem heißen Topf unter Rühren vorsichtig bräunen.

Die Zwiebeln schälen und fein hacken. Mit der Butter zur Currymischung geben und darin glasig dünsten.

Die Rosinen mit Aprikosenmarmelade, Essig, Chutney, Worcestersauce und Tomatenmark in einer Schüssel mit dem Hackfleisch vermischen. Weißbrot in Milch tauchen und zum Hackfleisch geben.

Alles zu den Zutaten in den Topf geben und 30 Minuten köcheln lassen.

Anschließend in eine Auflaufform geben. 250 ml Milch mit den Eiern verquirlen und über die Hackfleischmischung gießen.

Im vorgeheizten Backofen bei 175 °C etwa 50–60 Minuten backen lassen. Vor dem Servieren mit Parmesan bestreuen.

* Die mit einem Sternchen versehenen Zutaten können ausgetauscht werden. Gewürze und Kräuter je nach Belieben.

Weinempfehlung
2005 Pinotage
Diemersfontein
Wellington

Pinotage ist eine Kreuzung aus den französischen Rebsorten Pinot Noir und Cinsault, die Prof. Perold aus Stellenbosch um 1925 erstmals gelang. Er entwickelte damit die bislang einzige, wirklich eigenständige Rebsorte Südafrikas. Pinotage ist eher eine robuste, widerstandsfähige Rebsorte, die Weine sind von kräftiger Farbe. Mit einer unbändigen, ausdrucksstarken Fruchtigkeit ist Pinotage ein Wein für Liebhaber intensiver, kräftiger und würziger Rotweine. Das Rooihartebees-Stew sollte man im Grunde bereits mit diesem Rotwein ansetzen, damit er seine vielfältige Aromatik ideal in das Gericht einbringen kann. Lorbeer, Thymian und Pfeffer sind typische Aromen, die man sowohl im Stew als auch im Pinotage wiederfindet.

Rooihartebees Stew

Rooihartebees Stew
Backofen auf 150 °C vorheizen. Zwiebeln und Knoblauch schälen, fein hacken und in Öl andünsten. Anschließend herausnehmen und beiseite stellen. Fleisch in mundgerechte Stücke schneiden, in Mehl wenden und im Bratfett anbraten.

Wein angießen, Zwiebelgemisch, Brühe, Gewürze und gewaschene Kräuter hinzugeben.

Für 4 Portionen
3 Zwiebeln, 3 Knoblauchzehen
4 El Öl
1,2 kg Antilopenfleisch
etwas Mehl zum Wenden
400 ml Rotwein
etwas gekörnte Brühe
Salz, Pfeffer
1 Lorbeerblatt, 2 Stiele Thymian
5 Möhren
1 El Tomatenmark
250 g braune Champignons
2 Tomaten
200 ml Sahne
etwas geriebener Käse

Zubereitungszeit 30 Minuten (plus Garzeit)
Pro Portion ca. 435 kcal/1827 kJ
37 g E · 25 g F · 11 g KH

Möhren schälen, würfeln und unterrühren. Alles 5 Minuten leicht köcheln lassen.

Tomatenmark unterrühren und zugedeckt im vorgeheizten Backofen bei 150 °C etwa 1 Stunde garen.

Champignons sauber bürsten, Tomaten waschen und vierteln.

Zum Fleisch dazugeben, Sahne unterrühren und etwa 40 Minuten weiter garen. Mit Käse bestreut servieren.

In Südafrika und in Namibia wird gern und häufig **Antilopenfleisch** verzehrt. Die Tiere werden nicht eigens gezüchtet, sie werden auf der freien Wildbahn erlegt. Der Geschmack erinnert an Dammwild. Es findet sich aber auch das Fleisch des großen Kudu auf der Speisekarte, das ähnlich wie Hirsch schmeckt.

Der **braune Champignon** ist eng mit dem Wiesenchampignon verwandt. Er ist ein reiner Zuchtpilz, im Geschmack aromatischer und wesentlich länger haltbar. Wie andere Pilze auch sollten Champignons nicht gewaschen, sondern nur mit einer weichen Bürste oder einem Tuch gereinigt werden. Die Pilze saugen sich sonst voll Wasser und werden beim Dünsten zäh.

Warzenschwein zu essen ist für Europäer eher ungewöhnlich. Dabei ist das Fleisch sehr zart, hat eine leicht rosa Färbung und ein würziges Aroma, das dem des europäischen Wildschweins ähnelt. Warzenschweinfleisch ist in Deutschland nicht ohne weiteres zu bekommen. Sie können es aber auch durch Wildschweinfleisch ersetzen.

Warzenschwein Potjie

Für 4 Portionen
je 1 rote und grüne Paprika
4 El Öl
1,2 kg gewürfeltes Warzenschweinfleisch, ersatzweise Wildschwein
600 ml Gemüsebrühe
3 Zwiebeln
10 Möhren
ca. 1 kg Weißkohl
4 Kartoffeln
4 Süßkartoffeln
2 kleine Baby-Kürbisse
5 Tomaten
4 Knoblauchzehen
Salz, Pfeffer
250 g Champignons

Zubereitungszeit 35 Minuten (plus Garzeit)
Pro Portion ca. 305 kcal/1281 kJ
10 g E · 4 g F · 55 g KH

Warzenschwein Potjie
Paprika putzen, waschen und klein würfeln. Paprika in Öl in einem großen Bräter andünsten, herausnehmen und beiseite stellen.

Fleisch in dem Bratfett kräftig anbraten. Die Gemüsebrühe angießen und alles einmal aufkochen lassen.

Die Zwiebeln schälen, in Ringe schneiden und mit der Paprika auf dem Fleisch verteilen.

Die Möhren schälen und in Stifte schneiden. Den Kohl putzen, waschen und in Streifen schneiden. Die Kartoffeln schälen, waschen und klein würfeln. Den Kürbis schälen und grob raspeln. Die Tomaten waschen und würfeln.

Das vorbereitete Gemüse auf das Fleisch schichten, den Knoblauch schälen und dazupressen. Salzen und pfeffern und den Fleischtopf ohne umzurühren etwa 45 Minuten zugedeckt garen lassen.

Anschließend eventuell noch etwas Flüssigkeit dazugeben und 45 Minuten weiter garen. Kurz vor Ende der Garzeit die sauber gebürsteten Champignons dazugeben.

ZONNEBLOEM
ZONNEBLOEM
WESTERN CAPE
WES-KAAP
VINTAGE 2004 OESJAAR
CHARDONNAY
From the Zonnebloem Cellars
ZONNEBLOEM WINES LIMITED
OUDE LIBERTAS, STELLENBOSCH, SOUTH AFRICA

Perlhuhn-Maafe

Das Huhn portionieren. Die Chilischoten halbieren, Stiel und Kerne entfernen und die Schoten klein hacken. Mit Zimt, Koriander, Kreuzkümmel und Paprika vermischen. Knoblauch und Ingwer schälen, fein hacken und dazugeben. Alles mit 50 ml Öl vermischen, das Huhn darin 2 Stunden marinieren und zwischendurch wenden.

Das Fleisch herausnehmen und im restlichem heißen Öl anbraten. Die Zwiebeln schälen, klein schneiden und mitbraten. Das Tomatenmark hinzufügen und 5 Minuten mitdünsten.

Die Tomaten mit dem Saft grob zerkleinert hinzugeben. 500 ml warmes Wasser mit der Erdnussbutter glatt verrühren, dazugeben und alles 20 Minuten köcheln lassen. Zwischendurch immer wieder durchrühren.

Den Spinat waschen, abtropfen lassen, in Streifen schneiden und zum Fleisch geben. Mit Pfeffer und Salz abschmecken.

Perlhuhn-Maafe

Für 4 Portionen
1 Perlhuhn
2–3 kleine Chilis
1 Tl Zimt
je 1 El gemahlener Koriander, Kreuzkümmel und Paprikapulver
2–3 Knoblauchzehen
1 Stück Ingwer, ca. 3 cm
100 ml Öl
3 Zwiebeln
4 El Tomatenmark
250 ml Tomaten a. d. Dose
75 g Erdnussbutter
400 g Spinat
Pfeffer, Salz

Zubereitungszeit 20 Minuten
(plus Marinier- und Kochzeit)
Pro Portion ca. 423 kcal/1775 kJ
39 g E · 25 g F · 10 g KH

Weinempfehlung
2004 Chardonnay
Zonnebloem
Wine of Origin Stellenbosch

Der Name ist Programm: Ein goldgelb glänzender Chardonnay aus der Region Stellenbosch mit frischem, anregendem Duft nach reifen Birnen, Apfelkompott, Vanille, ein wenig Zimt und leichten Röstaromen. Die Lagerung in Barrique-Fässern (50% des Weines reifen im Barrique) gibt ihm die notwendige Struktur und entsprechenden Schmelz. Das macht den Chardonnay zu einem perfekten Begleiter für das gebratene Perlhuhn mit dem üppigen Erdnussbutter-Tomaten-Ragoût.

Eintopf mit Straußenfleisch

Für 4 Portionen
1 Zwiebel, 2 Möhren
2 Petersilienwurzeln
1 El Öl
750 g Straußenfleisch
Salz
Cayennepfeffer
1 Tl Paprikapulver
500 g Süßkartoffeln
500 g grüne Bohnen
1–2 Knoblauchzehen
125 g saure Sahne
2 El gehackte Petersilie

Zubereitungszeit 15 Minuten (plus Kochzeit)
Pro Portion ca. 533 kcal/2237 kJ
46 g E · 21 g F · 40 g KH

Eintopf mit Straußenfleisch
Zwiebel, Möhren und Petersilienwurzeln schälen und alles fein würfeln. Das Öl im Topf erhitzen, das zerkleinerte Gemüse dazugeben und andünsten.

Das Fleisch klein würfeln und mit Salz, Cayennepfeffer und Paprikapulver einreiben.

Das Gemüse herausnehmen und beiseite stellen. Die Fleischwürfel in das Bratfett geben und etwa 10 Minuten scharf anbraten.

Mit so viel warmem Wasser aufgießen, bis das Fleisch bedeckt ist. Zugedeckt bei geringer Hitze etwa 45 Minuten gar köcheln lassen.

Die Süßkartoffeln schälen und würfeln, die Bohnen waschen und entfädeln. Nach 30 Minuten zum Fleisch geben. Den Knoblauch schälen und dazupressen. Den Eintopf 10 Minuten weitergaren, das beiseite gestellte Gemüse zufügen und kurz erwärmen. Den Topf vom Herd nehmen und saure Sahne in die nicht mehr kochende Suppe rühren. Suppe mit Salz abschmecken und mit Petersilie bestreut servieren.

Petersilienwurzel oder auch **Wurzelpetersilie** ist im Kommen. Jahrelang war das Wurzelgemüse in der Küche ein Stiefkind – obwohl es zu den sehr alten Gemüsesorten gehört. Lediglich als Suppengrün wurde es verwendet. Dass man die herb-würzige Wurzel auch als Gemüse kochen oder dünsten kann und sie sogar Salaten eine besondere Note verleiht, ist eine echte Wiederentdeckung. Das typische Wintergemüse ist reich an Vitaminen; seine Blätter können wie glatte Petersilie verwendet werden.

Gekühlte Birnen-Curry-Suppe

Gekühlte Birnen-Curry-Suppe

Die Zwiebeln schälen und fein würfeln. In einer Pfanne in der Butter glasig dünsten. Das Currypulver drüberstreuen und unter Rühren erhitzen, bis es anfängt zu duften. Die Hühnerbrühe angießen.

Die Birnen schälen, halbieren, den Stielansatz entfernen, entkernen und die Hälften klein würfeln. Die Tomaten kreuzweise einritzen, mit kochendem Wasser überbrühen, häuten, entkernen und fein würfeln.

Die Kartoffeln schälen und ebenfalls fein würfeln. Alles zur Suppe hinzugeben. Bei mittlerer Hitze etwa 15 Minuten köcheln lassen, bis alles weich ist.

Die Suppe pürieren und anschließend die Sahne unterrühren. Abkühlen lassen und im Kühlschrank kalt stellen. Mit Petersilie und Paprika bestreut servieren.

Für 4 Portionen
2 Zwiebeln
1 El Butter
1 Tl Currypulver
300 ml Hühnerbrühe
750 g Birnen
3 Tomaten
3 Kartoffeln
250 ml Sahne
1 El grob gehackte Petersilie
etwas Paprikapulver

Zubereitungszeit 15 Minuten
(plus Kühl- und Kochzeit)
Pro Portion ca. 430 kcal/1806 kJ
7 g E · 22 g F · 52 g KH

HÜHNERSUPPE MIT PILZEN
UND NUDELN

HÜHNERSUPPE MIT MÖHREN
UND ZITRONENGRAS

HÜHNERSUPPE MIT MÖHREN,
KOHLSTREIFEN UND PORREE

HÜHNERSUPPE MIT ZUCKER-ERBSEN UND ZWIEBELN

HÜHNERSUPPE MIT FRÜHLINGS-ZWIEBELN UND GLASNUDELN

HÜHNERSUPPE MIT CHILISCHOTE UND AVOCADO

Hühnersuppe mit Kokosmilch

Für 4 Portionen
2 Möhren*
2 Zwiebeln
1 Bund Thymian
1 Bund Petersilie
40 g Butter
1 Lorbeerblatt
1 Suppenhuhn, Salz
125 g Langkornreis*
250 ml Kokosmilch*
2 Eigelb
200 ml Sahne
geriebene Muskatnuss

Zubereitungszeit 20 Minuten (plus Kochzeit)
Pro Portion ca. 475 kcal/1995 kJ
14 g E · 31 g F · 35 g KH

Hühnersuppe mit Kokosmilch
Möhren und Zwiebeln schälen. Möhren in Scheiben schneiden und Zwiebeln fein hacken.

Kräuter waschen, trockenschütteln und fein hacken. Butter erhitzen und Zwiebeln darin glasig dünsten. Möhren, Thymian, Petersilie, Lorbeer und das Huhn dazugeben.

3 l Wasser angießen, salzen und alles 1 Stunden köcheln lassen.

In der Zwischenzeit den Reis in Salzwasser körnig garen und abtropfen lassen.

Das Huhn aus der Suppe nehmen. Häuten, entbeinen und das Fleisch in mundgerechte Stücke schneiden.

Knochen und Haut zurück in die Suppe geben und 30 Minuten weiter kochen. Anschließend die Suppe durch ein feines Sieb passieren und das Fett abschöpfen. Reis und Fleisch in die Suppe geben, aufkochen und Kokosmilch unterrühren.

Suppe leicht dicklich einkochen lassen. Eigelb mit Sahne leicht schaumig aufschlagen und unterheben. Nicht mehr kochen lassen! Mit etwas Muskat bestreut servieren.

* Die mit einem Sternchen versehenen Zutaten können ausgetauscht werden. Gewürze und Kräuter je nach Belieben.

Weinempfehlung
2004 Sauvignon Blanc Lanzerac
(Sauvignon Blanc)
Wine of Origin Stellenbosch

Dieser Sauvignon Blanc besitzt ein ausgeprägtes, sehr elegantes Bukett mit einem fruchtigen, leicht grasigen Touch, der dem Wein Frische und Verspieltheit gibt. Die exotischen, reifen Fruchtaromen von Stachelbeere, Honigmelone und Papaya präsentieren sich im Geschmack deutlich kompakter und weniger ausladend als in der Nase. Sie umhüllen die erfrischende Säure und fördern das Spiel zwischen extremer Fruchtigkeit und delikater Säure. Dieser Wein kann durchaus für die Zubereitung der Suppe eingesetzt werden. Mit seiner delikaten Fruchtigkeit bildet er den idealen Gegenpart zu der eher säurearmen Papaya.

Kalte Papayasuppe

Kalte Papayasuppe
Die Papayas schälen, halbieren und entkernen. Das Fruchtfleisch in kleine Würfel schneiden und im Mixer fein pürieren. Das Püree in einen Topf umfüllen, den Weißwein unterrühren und alles langsam erhitzen.

Die Suppe mit Salz abschmecken, vom Herd nehmen und kalt werden lassen.

Die Minze waschen, trockenschütteln und fein hacken. Anschließend unter die gut gekühlte Suppe heben.

Den Ziegenkäse in dünne Scheiben schneiden oder klein würfeln und in der Suppe anrichten.

Für 4 Portionen
4 Papayas
350 ml fruchtiger Weißwein
Salz
8 Zweige frische Minze
etwas Ziegenkäse

Zubereitungszeit 10 Minuten
(plus Kochzeit)
Pro Portion ca. 91 kcal/380 kJ
2 g E · 1 g F · 6 g KH

Ziegenkäse gibt es in unzähligen Varianten. Teilweise bestehen sie aus reiner Ziegenmilch, teilweise aus einem Gemisch mit anderen Milchsorten. Junger Ziegenkäse ist weich und streichfähig, sein würzig-säuerlicher Geschmack wird mit dem Reifungsgrad intensiver, seine Konsistenz wird härter.

Im Handel sind verschiedene **Papayasorten** erhältlich, die nach Herkunftsländern unterschieden werden. Die birnenförmigen Früchte werden bis zu 30 cm lang und sind von einer dünnen rötlich-gelben oder gelblich-grünen Schale umgeben. Papayas sollten nach reifen Aprikosen duften und auf Druck leicht nachgeben.

Treffender hätte der Name des **Butternut-Kürbisses** nicht gewählt werden können, denn sein buttrig-weiches, leuchtend orange-rotes Fruchtfleisch hat einen süßlichen Geschmack nach Avocado und Nüssen. Der birnenförmige Kürbis mit der glatten, cremefarbenen bis beige-grün gestreiften Schale ist ein typischer Winterkürbis. Bei kühler, trockener Lagerung ist der Butternut-Kürbis mehrere Monate haltbar, sofern die Schale nicht beschädigt ist.

Kürbissuppe

Für 4 Portionen

- 2 Zwiebeln
- 4 El kalt gepresstes Olivenöl
- 1 Butternut-Kürbis
- Curry
- Muskatnuss
- 900 ml Hühnerbrühe
- 175 ml Milch
- 100 ml Sahne
- Saft und abgeriebene Schale von 1 unbehandelten Orange
- 1 Apfel
- 100 ml Sherry
- Salz
- Pfeffer
- 75 g schwarze Oliven
- Orangenzesten zum Garnieren

Zubereitungszeit 20 Minuten
(plus Kochzeit)
Pro Portion ca. 303 kcal/1271 kJ
4 g E · 25 g F · 12 g KH

Kürbissuppe
Den Kürbis halbieren und schälen. Die Innenfasern entfernen und das Fruchtfleisch würfeln.

Die Zwiebeln schälen, klein würfeln und in 3 El Öl anbraten. Das gewürfelte Kürbisfleisch dazugeben und etwa 3 Minuten mitdünsten lassen. Etwas Curry und frisch geriebene Muskatnuss unter Rühren mitdünsten, bis die Gewürze anfangen zu duften.

Die Hühnerbrühe mit der Milch und der Sahne dazugießen. Den Orangensaft und die -schale ebenfalls zugeben. Alles aufkochen und 20 Minuten leicht köcheln lassen.

Den Apfel schälen, fein reiben und unter die Suppe rühren. Anschließend alles pürieren und mit Sherry, Salz und Pfeffer abschmecken.

Die Oliven entsteinen, klein hacken und mit dem restlichen Öl vermischen. Die Suppe auf Tellern anrichten und mit Oliven und gebackenen Orangenzesten garniert servieren.

Chardonnay
GROWN, MADE & BOTTLED ON THE ESTATE
WINE OF ORIGIN BREEDE RIVER VALLEY
2004
BERGSIG
ESTATE WINE
WINE OF SOUTH AFRICA

Fischsuppe mit Curry

Die Fischabfälle und Gräten 1 Stunde wässern.

Die Kartoffeln schälen, waschen und klein würfeln, die Zwiebeln schälen und grob hacken. Sellerie und Porree putzen, Sellerie schälen, Porree waschen und beides in feine Würfel und Ringe schneiden.

Knoblauchzehe und Ingwer schälen und fein hacken. Alles 5 Minuten in der Butter andünsten, anschließend die Fischabfälle dazugeben. Das Mehl darüber stäuben und den Wein angießen. 1 l Wasser angießen, aufkochen und die Suppe 30 Minuten kochen lassen. Safran und Curry mit etwas Wasser verrühren, unter die Suppe rühren und 30 Minuten weiter köcheln lassen.

Suppe durch ein feines Sieb passieren. Mit Pfeffer und Salz abschmecken. Den Fisch schräg in dünne Scheiben schneiden und auf Tassen verteilen. Die heiße Suppe darüber verteilen.

In Südafrika wird dieses Gericht mit Snoek zubereitet.

Fischsuppe mit Curry

Für 4 Portionen
500 g Fischabfälle und Gräten von Hecht, Seeteufel oder Kabeljau
2 große Kartoffeln
2 Zwiebeln
1 Stück Knollensellerie, ca. 75 g
1 Stange Porree
1 Knoblauchzehe
1 Stück frischer Ingwer, ca. 3 cm
60 g Butter, 3 El Mehl
150 ml trockener Weißwein
1 Prise Safran, 1 Tl Currypulver
Pfeffer, Salz
200 g geräucherter Hecht

Zubereitungszeit 15 Minuten
(ohne Zeit zum Wässern, plus Kochzeit)
Pro Portion ca. 313 kcal/1313 kJ
33 g E · 9 g F · 20 g KH

Weinempfehlung

2004 Bergsig Estate Chardonnay
Wine of Origin Breede River Valley

Die internationale Rebsorte Chardonnay hat ihre Wurzeln im Burgund, nach Südafrika kam sie mit den einwandernden Hugenotten, die aus Frankreich fliehen mussten. Auch am Kap wird Chardonnay klassisch im Barrique ausgebaut, die Lagerung in 220-Liter Eichenholzfässern gibt ihm Schmelz, Röstaromen und entsprechende Länge. So dominieren neben den reifen Fruchtnoten deutliche Vanillearomen, Zedernholz und Honig, die sich dem Geschmackspotpourri der Fischsuppe bestens anpassen.

Kalte Gurken-Fruchtsuppe

Für 4 Portionen
1 große Salatgurke
2 Zwiebeln
1 El Öl
1 El Butter
½ Tl getr. Dill
abgeriebene Schale von
1 unbehandelten Zitrone
750 ml Hühnerbrühe
Salz
1 kg reife Birnen
150 g Frischkäse
Pfeffer

Zubereitungszeit 20 Minuten
(plus Koch- und Kühlzeit)
Pro Portion ca. 298 kcal/1250 kJ
6 g E · 16 g F · 34 g KH

Kalte Gurken-Fruchtsuppe
Die Gurke schälen und einige dünne Scheiben zum Servieren beiseite legen. Die restliche Gurke klein würfeln. Die Zwiebeln schälen und in dünne Scheiben schneiden.

Das Öl mit der Butter in einer großen Pfanne erhitzen. Gurke, Zwiebel, Dill und Zitronenschale darin unter Rühren 5 Minuten dünsten.

Die Hühnerbrühe angießen, salzen und zugedeckt 10 Minuten köcheln lassen.

Die Birnen schälen, Stielansatz und Kerne entfernen und das Fruchtfleisch klein gewürfelt dazugeben. 10 Minuten weiter köcheln lassen. Die Suppe vom Herd nehmen, den Frischkäse unterrühren und die Suppe gut abkühlen lassen.

Die kalte Suppe fein pürieren und mindestens 8 Stunden im Kühlschrank durchkühlen lassen.

Vor dem Servieren noch einmal abschmecken. Die Suppe mit Gurkenscheiben garnieren und mit etwas frisch gemahlenem schwarzen Pfeffer bestreut servieren.

In Deutschland kennen wir die **Salatgurke** vorwiegend als Hollandimport, doch eigentlich soll die Gurke, die zur Familie der Kürbisgewächse gehört, aus Nordindien oder Ägypten stammen– da ist sich die Wissenschaft aber nicht einig. Gurken bestehen zu etwa 97 % aus Wasser und gehören damit zu den kalorienärmsten Nahrungsmitteln überhaupt. Darüber hinaus enthalten sie viele Vitamine und Mineralstoffe – allen voran Kalium.

Die **Birne** ist eine sehr alte Obstart, die weltweit angebaut wird. Birnen sind druckempfindlich und werden deshalb immer hartreif geerntet. So erreichen sie ihre Genussreife beim Endverbraucher. Beim Einkauf sollten die Früchte glatt und unbeschädig sein. Weiche, gelbe Exemplare mit braunen Flecken sind bereits überreif.

Erdnuss-Suppe

Erdnuss-Suppe

Den Knoblauch, die Zwiebel und die Möhren schälen. Knoblauch fein hacken, Zwiebel und Möhren in dünne Scheiben schneiden. Alles in dem Öl weich dünsten. Den Wein hinzugießen und einkochen lassen.

Den Porree putzen, in Scheiben schneiden und mit Honig, Zucker und Curry zugeben. Unter Rühren aufkochen, die Brühe dazugießen und 6 Minuten weiter köcheln lassen.

Die Erdnüsse in einer Pfanne ohne Fett anrösten und anschließend mit Sahne, Kokosmark und Erdnussbutter unter die Suppe rühren. Alles 10 Minuten köcheln lassen.

Die Suppe unter ständigem Rühren weitere 3 Minuten köcheln lassen. Mit Salz und Pfeffer würzen, in Suppentassen geben und mit etwas Chiliöl beträufelt servieren.

Für 4 Portionen
1 Knoblauchzehe
1 Zwiebel
2 Möhren
3 El Öl
75 ml trockener Weißwein
1 Stange Porree
1 El Honig
1 El Zucker
2 Tl Currypulver
750 ml Gemüsebrühe
175 g ungesalzene Erdnüsse
150 ml Sahne
250 ml Kokosmark
2 El Erdnussbutter
Salz
Pfeffer
Chiliöl

Zubereitungszeit 20 Minuten
(plus Kochzeit)
Pro Portion ca. 465 kcal/1953 kJ
15 g E · 39 g F · 15 g KH

MIT KNOBLAUCH, ZWIEBELN, TOMATEN UND THYMIAN

MIT ROSINEN, ÄPFELN, KOHL UND ZITRONEN

MIT ROSINEN UND APRIKOSEN

MIT ANANAS UND ROSINEN

MIT TOMATEN, KNOBLAUCH UND PILZEN

MIT GETROCKNETEN TOMATEN, KNOBLAUCH UND ROSINEN

Hühner Potjie

Für 4 Portionen
1 großes Brathähnchen
Salz
Pfeffer
ca. 200 ml Öl
500 g Kartoffeln*
5 Möhren*
1 kleiner Butternut-Kürbis*
200 g Bohnen*
300 g Weißkohl*
1 Zweig Rosmarin
300 ml Hühnerbrühe

Zubereitungszeit 15 Minuten (plus Garzeit)
Pro Portion ca. 280 kcal/1176 kJ
14 g E · 12 g F · 28 g KH

Hühner Potjie
Das Hähnchen von innen und von einer Seite außen salzen und mit frisch gemahlenem Pfeffer kräftig einreiben.

Das Öl in einem Topf nicht zu stark erhitzen. Das Hähnchen mit der gewürzten Seite nach unten darin bei geringer Hitze zugedeckt etwa 20 Minuten bräunen lassen.

Die andere Hähnchenseite würzen und das Hähnchen wenden. Etwa 5 Minuten weiter braten lassen.

Kartoffeln und Möhren schälen, Kürbisfleisch aus der Schale schneiden und die Bohnen putzen. Alles in Stücke schneiden. Den Kohl putzen, waschen und in Streifen schneiden.

Rosmarin waschen und auf das Hähnchen legen. Das Gemüse darauf verteilen, die Brühe dazugeben und alles zugedeckt etwa 1 1/2 Stunden garen lassen.

Vor dem Servieren das Fleisch in Portionsstücke zerlegen.

* Die mit einem Sternchen versehenen Zutaten können ausgetauscht werden. Gewürze und Kräuter je nach Belieben.

Salate, Gemüse und Beilagen

Genüsse aus dem Garten Eden:

An frischem Salat und Gemüse herrscht in Südafrika kein Mangel.

Garden Route wird die Route 62 zwischen Kapstadt und Port Elizabeth genannt und tatsächlich erstreckt sich ein wahrer Garten Eden links und rechts dieser Straße. Das subtropische Klima und die fruchtbaren Böden sind für den Anbau von Gemüse, Salat und Obst wie geschaffen.

Zwischen Weinbergen, Zitrus- und Apfelplantagen wachsen am Westkap Zuckerschoten, Bohnen, Tomaten, Kartoffeln, Süßkartoffeln und Möhren. Auch Moroho, ein wildes, dem Blattspinat ähnliches Gemüse, das auch als Salat verwendet werden kann, wächst hier.

Moroho war vor der weißen Besiedlung des Kaps eines der Grundnahrungsmittel, verschwand dann aber für lange Zeit beinahe ganz vom Speiseplan. Erst in den letzten Jahren fand eine Rückbesinnung auf dieses Gemüse statt und heute findet man es sogar wieder im Angebot der Straßenhändler.

Salate sind beliebte Sommermahlzeiten. Häufig werden sie mit einem Dressing aus zerdrücktem, hart gekochtem Eigelb, Rotweinessig, Öl, etwas Senf, Salz und Zucker gereicht.

Salate, Gemüse und Beilagen

Ungewöhnlich aber wahr: Mixed Pickles sind eine Spezialität Südafrikas

Mit den englischen Seefahrern kamen die Mixed Pickles ins Land und stiegen immer weiter in der Beliebtheitsskala, auch als die Notwendigkeit, Gemüse zu konservieren, gar nicht mehr bestand.

Für Mixed Pickles werden verschiedene Gemüsesorten, wie z.B. Gurken, Blumenkohl und Rote Bete mit scharfem spanischen Pfeffer und Salz in Essig eingelegt. Die Kap-Küche verfeinerte dieses Gericht durch asiatische Gewürze wie Kurkuma und Nelken, aber auch durch Zugabe von Senf.

In Südafrika dienen die Pickles als Beilage fast jeder Mahlzeit. So besteht ein traditionelles südafrikanisches Frühstück aus Eiern und Speck, Boerewors (Bauernbratwurst), Toast und Mixed Pickles. Vor allem aber beim sonntäglichen Grillen darf das eingelegte Gemüse auf gar keinen Fall fehlen.

Salate, Gemüse und Beilagen

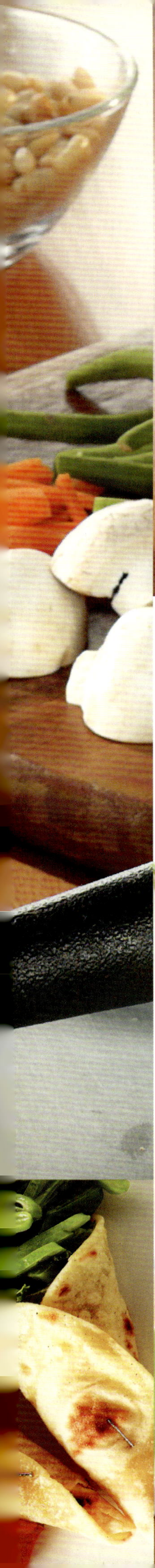

Getreide und Hülsenfrüchte waren jahrhundertelang die Hauptnahrungsmittel der schwarzafrikanischen Bevölkerung, und noch heute findet man sie als beliebte Beilage auf der Speisekarte.

Die asiatische Küche hat mit ihrer Vorliebe für Reis und ihrer exotischen Aromafülle ebenfalls einen Beitrag zu den südafrikanischen Beilagen geleistet. Gerste, Mais und Erbsen etwa werden durch Gewürzmischungen wie Garam Masala zu feurigen Speisen, die man nicht nur als Beilage genießen möchte. Das gleiche gilt für die zahlreichen Currys, die der indischen und thailändischen Küche entlehnt sind.

Currys sind meist rein vegetarische Speisen. Sie sind oftmals scharf gewürzt und werden aus verschiedenen Gemüsekombinationen bereitet. Currys können mit Reis serviert als eigenständige Gerichte ebenso bestehen wie als Beilage zu Fleisch und Fisch. Auch zu Grillgerichten passen Currys erstaunlich gut.

In der Gegend um Durban, die einen hohen Anteil indischstämmiger Einwanderer aufweist, wird zu Hauptspeisen gern Chapati, das dünne indische Fladenbrot gereicht.

KANONKOP
KADETTE
2004
Produced and bottled on Kanonkop
WINE OF ORIGIN STELLENBOSCH
PRODUCE OF SOUTH AFRICA

Kap

Kap-malaiische Gelberbs-Krapfen

Das Erbsenmehl mit dem Weizenmehl und dem Backpulver vermischen und in eine große Schüssel sieben. Die Äpfel waschen, schälen und entkernen, anschließend das Fruchtfleisch fein raspeln und mit dem Mehl vermischen.

Die Spinat- oder Mangoldblätter putzen, waschen und gut abtropfen lassen. Anschließend in Streifen schneiden. Die Zwiebeln schälen und fein hacken. Zwiebeln und Spinat zum Mehlgemisch geben.

Das Ei, Kreuzkümmel, Koriander, 1/2 Tl Pfeffer, 1 Tl Salz, Chilipulver und Kümmel dazugeben und mit etwa 100 ml Wasser zu einem zähen Teig verarbeiten. Teig zugedeckt etwa 1 Stunde ruhen lassen.

Aus dem Teig etwa walnussgroße Kugeln formen und portionsweise in heißem Öl frittieren. Herausnehmen und auf Küchenpapier abtropfen lassen. Heiß servieren.

alaiische Gelberbs-Krapfen

Für 24 Stück
250 g Mehl aus gelben Erbsen
40 g Weizenmehl
1 Tl Backpulver
2 kleine Äpfel
1 Hand voll Spinat- oder Mangoldblätter
2 kleine Zwiebeln
1 Ei
1 Tl gemahlener Kreuzkümmel
1 Tl gemahlener Koriander
Pfeffer, Salz
1–2 Tl Chilipulver
1/2 Tl Kurkuma
Öl zum Frittieren

Zubereitungszeit 30 Minuten
(plus Ruhe- und Backzeit)
Pro Stück ca. 65 kcal/275 kJ
2 g E · 3 g F · 9 g KH

Weinempfehlung

2004 Kadette
Kanonkop
(Pinotage, Cabernet Sauvignon, Merlot)
Wine of Origin Stellenbosch

In der internationalen Weinwelt wird Pinotage oft in einem Atemzug mit dem Namen des Weinguts Kanonkop genannt und der Kellermeister als „King of Pinotage“ bezeichnet. In diesem Rotwein-Verschnitt ist zum größten Teil Pinotage enthalten. Cabernet Sauvignon und Merlot sind begleitende Stützen und tragen mit ihren Eigenschaften zur Abrundung der Cuvée bei. Im Vordergrund steht das sowohl würzig-kräftige als auch feinfruchtige Aroma des Pinotage.

MIT SPECK UND CHILISCHOTEN

MIT CHAMPIGNONSCHEIBEN

MIT KLEIN GEWÜRFELTEM BILTONG

MIT GETROCKNETEN TOMATEN

MIT MÖHRENWÜRFELN

MIT SPECK, TOMATEN UND PILZEN

Bohnen mit Curry

Für 4 Portionen
500 g grüne Bohnen
3 Tomaten*, 3 Zwiebeln*
2 El Öl
1 Tl rotes Chilipulver
2 Tl gemahlener Koriander
1 Tl Kreuzkümmel
1 El Kurkuma (a. d. Asialaden)
1 El Curry
1–2 El Zuckerrübensirup
1 Zimtstange
1 El Senf, 3–4 El Essig
1 Tl Salz, ½ Tl Pfeffer,
½ Tl Zucker

Zubereitungszeit 20 Minuten (plus Garzeit)
Pro Portion ca. 176 kcal/738 kJ
5 g E · 1 g F · 36 g KH

Bohnen mit Curry
Die Bohnen putzen, waschen und in breite Stücke schneiden. Die Tomaten kreuzweise einritzen und die Stielansätze enfernen. Tomaten mit kochendem Wasser überbrühen, anschließend häuten, entkernen und klein würfeln.

Die Zwiebeln schälen, fein hacken und in dem Öl glasig andünsten. Chilipulver, Koriander, Kreuzkümmel, Kurkuma und Curry dazugeben. Unter Rühren 5 Minuten mitdünsten lassen.

Die Bohnen mit den Tomaten dem Zuckerrübensirup, der Zimtstange, dem Senf und dem Essig dazugeben. Alles etwa 30–45 Minuten bei geringster Hitze köcheln lassen. Mit Salz, Pfeffer und Zucker abschmecken, die Zimtstange entfernen und die Bohnen servieren.

* Die mit einem Sternchen versehenen Zutaten können ausgetauscht werden. Gewürze und Kräuter je nach Belieben.

Weinempfehlung
2004 Sauvignon Blanc
Zevenwacht, Stellenbosch
Wine of Origin Stellenbosch

Fruchtsüße Bananen und delikate Aprikosen werden mit scharfem Curry und intensiver Senfmayonnaise kombiniert – für den korrespondierenden Wein kein leichtes Spiel, denn der eher neutrale Sauvignon-Typ poltert im Gegensatz zur Banane nicht sofort mit all seinen Aromen. Obwohl Stellenbosch nicht gerade für das vom Sauvignon Blanc geschätzte Cool-Klimate bekannt ist, handelt es sich hier um einen schlanken, gradlinigen Wein. Durch eine gekühlte Gärung im Edelstahltank gehen die Aromen der Traube nicht verloren und die aromatische Rebsorte kann so ihre ausgeprägte Fruchtigkeit zeigen. Feine, zarte Aromen, reife Stachelbeeren, Melone und Anklänge von Bananen steigen in die Nase. Im Geschmack verhält sich der Wein allerdings zurückhaltend und ist damit der ideale Partner für das verrückte Gericht mit den vielfältigen Aromenexplosionen.

Bananensalat mit Aprikose und Curry

Bananensalat mit Aprikose und Curry
Das Eigelb mit dem Senf, der Zitronenschale und dem Zitronensaft mit dem Schneebesen verrühren. Das Öl in feinem Strahl unter ständigem Rühren dazugeben. Die Mayonnaise mit Salz und Pfeffer abschmecken.

Für 4 Portionen
4 Eigelb
2 Tl Senf
abgeriebene Schale von
1 unbehandelten Zitrone
4 Tl Zitronensaft
250 ml Sonnenblumenöl
Salz, Pfeffer
1 El Currypulver
1 El Aprikosenmarmelade
6 große Bananen
Blattsalat zum Anrichten

Zubereitungszeit 20 Minuten
(plus Kühlzeit)
Pro Portion ca. 418 kcal/1753 kJ
7 g E · 20 g F · 50 g KH

Das Currypulver mit der Aprikosenmarmelade und der Mayonnaise glatt verrühren, evtl. dafür vorher leicht erwärmen.

Die Bananen schälen und in Scheiben schneiden. Sofort zur Curry-Mayonnaise dazugeben und vorsichtig unterheben.

Den Salat vor dem Servieren mindestens 1 Stunde im Kühlschrank ziehen lassen. Auf einem Bett aus Blattsalat anrichten.

Wie Zwetschgen, Erdbeeren und Schlehen gehören auch **Aprikosen** zu den Rosengewächsen. Ihr zartes Orange, die samtig weiche Haut und die Naht, die zwischen dem Blütenende und dem Stiel läuft, sind kennzeichnend für die Frucht. Südafrikanische Aprikosen sind berühmt für sehr fruchtiges, süßes Aroma, aus dem sich herrliche Marmeladen und Chutneys zubereiten lassen. In Deutschland muss man beim Kauf auf einen kräftigen Duft und eine volle Farbe achten, denn oft werden die Früchte unreif gepflückt und haben keine Zeit, nachzureifen.

Kohl wird ja hauptsächlich mit den Deutschen in Verbindung gebracht – nicht umsonst nennt man uns im Ausland gerne „Krauts". Viele Kohlsorten sind Wintergemüse, voll von Vitaminen und Mineralien, die sich lange lagern lassen und so wichtige Nährstofflieferanten für den Winter sind. Nach Südafrika kam der dort ebenfalls sehr beliebte Weißkohl durch die niederländischen und deutschen Einwanderer. Allerdings wird er dort – typisch für die kap-malaiische Adaption – gerne mit Curry zubereitet.

Für 4 Portionen
1 mittlerer Weißkohlkopf
3 Zwiebeln
3 El Öl
75–100 g Maismehl
1 Tl Currypulver
1 Tl Pfeffer
1 El Salz
4 Tomaten

Zubereitungszeit 30 Minuten
(plus Garzeit)
Pro Portion ca. 150 kcal/630 kJ
4 g E · 4 g F · 25 g KH

Kohlrouladen

Kohlrouladen
Den Kohl putzen und waschen, die äußeren 4 Blätter des Kohlkopfes in kochendem Salzwasser 2 Minuten blanchieren. Anschließend abschrecken und abtropfen lassen.

Die Zwiebeln schälen, fein würfeln und in 2 El Öl anbraten. Das Maismehl unter Rühren hineinstreuen. Etwas Curry, Pfeffer und Salz hinzugeben und alles zu einer Paste verrühren.

Die abgetropften Kohlblätter damit bestreichen, die Seiten einschlagen und alles zu einer Rolle aufrollen. Die Rouladen mit einem Zahnstocher fixieren.

Restlichen Kohl klein schneiden und im restlichen Öl anbraten. Die Rouladen hinzugeben und mit Wasser knapp bedecken. Zugedeckt bei geringer Hitze köcheln lassen, bis fast die gesamte Flüssigkeit verdampft ist.

Tomaten kreuzweise einritzen, Stielansätze entfernen, Tomaten mit kochendem Wasser überbrühen, anschließend häuten, entkernen und klein würfeln. Mit etwas Curry, Pfeffer und Salz gewürzt dazugeben und etwa 4 Minuten mitköcheln lassen. Die Kohlrouladen auf dem Gemüsebett anrichten und servieren.

Weinempfehlung
2003 Chardonnay
De Meye, Stellenbosch
Wine of Origin Stellenbosch

Für dieses durch Zimt, Kümmel und Rosinen leicht süßlich geprägte Gericht ist ein kräftiger, körperreicher, im Barrique ausgebauter Chardonnay der richtige Wein. Die Lagerung in kleinen getoasteten Holzfässern gibt ihm Struktur und bereichert den Wein mit ausgeprägten Vanille- und Honigaromen. Dieser voluminöse Chardonnay benötigt Sauerstoff, um sein Aroma entsprechend entfalten zu können, deshalb sollte man ihn in bauchigen Burgundergläsern servieren. Die Kontaktfläche des Weines mit dem Sauerstoff wird dadurch vergrößert, gleichzeitig wird die Aromenentwicklung beschleunigt, ohne dass der Wein zu warm wird.

Geelrijs

Geelrijs
Den Reis mit der doppelten Menge Wasser in einen Topf geben. Die Zimtstange mit Kümmel, Salz und Zucker dazugeben. Alles aufkochen und etwa 12 Minuten garen lassen.

Für 4 Portionen
225 g Langkornreis
1 Stange Zimt
1 El Kurkuma
1 Tl Salz
1 Tl Zucker
125 g Rosinen
75 g brauner Zucker
25 g Butter

Zubereitungszeit 15 Minuten
(plus Garzeit)
Pro Portion ca. 295 kcal/1239 kJ
5 g E · 1 g F · 66 g KH

Die Rosinen heiß abwaschen, abtropfen lassen und ebenfalls dazugeben. Alles etwa 10 Minuten weiter garen lassen, bis der Reis weich und das Wasser verdampft ist.

Die Zimtstange entfernen und den braunen Zucker unterrühren.

Die Butter in Flöckchen auf den Reis geben und mit einer Gabel unterziehen.

Ursprünglich stammt **Reis** aus China, wo er bereits vor 5000 Jahren angebaut wurde. Es gibt etwa 8000 Reissorten, die sich in Rundkorn-, Mittelkorn- und Langkornreis einteilen lassen. Rundkornreis ist etwa 3–5 mm lang und hat eine ovale Form. Sein Stärkeanteil ist sehr hoch, weshalb er beim Kochen verklebt. Beliebt ist er vor allem für Süßspeisen. Mittelkornreis ist bis zu 6 mm lang und wird vor allem für Risotto verwendet. Langkornreis schließlich hat eine Länge von bis zu 7 mm und ist eher dünn. Im Geelrijs, dem gelben Reis, einer sehr typischen südafrikanischen Beilage, verbindet sich die holländische Vorliebe für süße Speisen mit der Vorliebe der Malaien für Reis.

Kartoffel-Zwiebel-Curry

Für 4 Portionen
750 g Kartoffeln*, Salz
2 Zwiebeln
2 Knoblauchzehen
1 Stück frischer Ingwer*, ca. 3–4 cm
2 El Butter
1 Tl scharfes Currypulver*
1 Tl Mehl
1 Tl Zucker
300 ml Gemüsebrühe
1 Tl Essig

Zubereitungszeit 25 Minuten (plus Garzeit)
Pro Portion ca. 216 kcal/906 kJ
9 g E · 4 g F · 35 g KH

Kartoffel-Zwiebel-Curry
Die Kartoffeln schälen, waschen und in Salzwasser gar kochen. Anschließend abgießen, etwas abkühlen lassen und in etwa 2 cm große Würfel schneiden.

Die Zwiebeln, den Knoblauch und den Ingwer schälen. Die Zwiebeln und den Knoblauch fein hacken, den Ingwer fein reiben.

Die Butter in einer weiten Pfanne aufschäumen. Zwiebeln, Knoblauch und Ingwer darin glasig andünsten. Das Currypulver dazugeben und unter Rühren darin anschwitzen, bis es anfängt zu duften.

Die Kartoffeln dazugeben und darin erwärmen. Mehl und Zucker darüber streuen und mit den Kartoffeln vermischen.

Die Brühe mit dem Essig hinzugeben. Alles etwa 2–3 Minuten kochen lassen und heiß servieren.

Der Begriff **Curry** im Rezeptnamen verweist nicht auf das bei uns bekannte gemahlene Gewürzpulver, er deutet auf die Zubereitungsart des Gerichtes in der indischen Küche hin. Curries sind eine Art Ragout, das aus den verschiedensten Zutaten komponiert sein kann und sowohl als Beilage als auch als Hauptgericht auf der Speisekarte Südafrikas zu finden ist. Das verbindende Merkmal dieser Exportschlager der indischen Küche ist die aromatische Vielfalt und die perfekte Würze, meist mit einer Mischung aus Gewürzen, die eigens für das jeweilige Curry zusammengestellt wurden.

WARNING: SMOKING CAUSES CANCER
BR
BEST BLEND

Mixed Pickles

Die Perlzwiebeln sorgfältig schälen und in eine Schüssel geben. Die Möhren putzen, ebenfalls schälen und anschließend in dicke Scheiben schneiden. Die Knoblauchzehen schälen und halbieren oder vierteln.

Die Chilis putzen, waschen und halbieren, anschließend den Stielansatz und die Kerne entfernen und die Schoten fein würfeln. Die Pfefferkörner grob zerdrücken. Alle Zutaten vermischen und in ein sauberes Gefäß füllen.

Den Essig mit 50 ml Wasser und dem Salz aufkochen und sofort über die Zutaten gießen, so dass sie ganz davon bedeckt sind. Das Gefäß verschließen und das Gemüse im Kühlschrank etwa 14 Tage durchziehen lassen. Das Gefäß zwischendurch kräftig schütteln.

Mixed Pickles

Für 4 Portionen
600 g kleine Perlzwiebeln
125 g Möhren
2 Knoblauchzehen
4 grüne Chilis
1 Tl schwarze Pfefferkörner
275 ml Weinessig
2 Tl Salz

Zubereitungszeit 20 Minuten (plus Zeit zum Ziehen)
Pro Portion ca. 130 kcal/546 kJ
3 g E · 1 g F · 27 g KH

Die Gemüseauswahl bei diesen Mixed Pickles ist nur ein Vorschlag. Sie können ganz nach Belieben auch andere Gemüsesorten kombinieren und in Essig einlegen. Zum Schneiden verwenden Sie am besten ein Messer mit gerippter Klinge. Das verlieht den Gemüsescheiben ein hübsches wellenförmiges Muster. Sehr schön sieht es aus, wenn Sie das vorbereitete Gemüse nach Farben bzw. Sorten getrennt in Einmachgläser schichten. Wenn Sie es exotisch mögen, können Sie den Möhren durch die Zugabe von Ingwer oder Kurkuma eine indische Note verliehen.

MIT BILTONG, ZWIEBELN UND PAPRIKA

MIT PILZEN UND SPECK

MIT BILTONG, MAIS UND PAPRIKA

MIT PORREE UND ÄPFELN

MIT SCHINKEN UND PILZEN

MIT GERÄUCHERTEM FISCH UND CHILIWÜRFELN

Boere Pap

Für 4 Portionen
300 g weißes Maismehl
3 Zwiebeln
2 Eier*
200 g durchwachsener Speck*
1 große Dose Maiskörner*
200 g Butter
Pfeffer
Salz
100 g Käse z.B. Cheddar*
Fett für das Backblech

Zubereitungszeit 15 Minuten (plus Backzeit)
Pro Portion ca. 578 kcal/2426 kJ
27 g E · 22 g F · 68 g KH

Boere Pap
Den Backofen auf 175 °C vorheizen. Das Maismehl mit 4 Tassen Wasser etwa 15 Minuten lang kochen.

Inzwischen die Zwiebeln schälen und fein würfeln. Die Eier hart kochen, schälen und klein würfeln. Den Speck klein würfeln. Den Mais in einem Sieb abtropfen lassen.

2 El Butter in einer Pfanne aufschäumen, die Speckwürfel darin anbraten. Die Zwiebeln dazugeben und mitdünsten.

Den Maisbrei mit den Speckwürfeln, Zwiebeln, Eiern, Maiskörnern und restlicher Butter vermengen, pfeffern und salzen.

Die Mischung auf einem gefetteten Backblech verteilen. Den Käse reiben und den Maisbrei damit gleichmäßig bestreuen.

Im vorgeheizten Backofen bei 175 °C etwa 10 Minuten überbacken, bis die Oberfläche goldbraun ist. Vor dem Servieren in Rauten schneiden.

* Die mit einem Sternchen versehenen Zutaten können ausgetauscht werden. Gewürze und Kräuter je nach Belieben.

Obwohl der Anteil der Bevölkerung indisch-asiatischen Ursprungs nur etwa 3% ausmacht, ist ihr Einfluss auf die Küche sehr groß. Schon zur Zeit der ersten weißen Siedler haben die so genannten Kap-Malaien, die als Dienstpersonal von den holländischen Siedlern ins Land gebracht wurden, mit der hohen Kunst des richtigen Würzens kulinarische Standards gesetzt. **Exotische Aromen** hielten Einzug in die Küche: Kardamon, Kreuzkümmel, Curry, Safran und Kurkuma verleihen selbst einfachsten Gerichten eine unwiderstehliche Note. Auch die für europäische Gaumen zunächst ungewohnte Kombination von verschiedensten Zutaten zu immer neuen, köstlichen Currygerichten, die von mild bis scharf gewürzt sein können, verrät die asiatische, in diesem Fall indische Handschrift.

Bohnen-Pilz-Curry

Für 4 Portionen
- 500 g Champignons
- 3 Möhren
- 3 grüne Chilischoten
- 3 Zwiebeln
- 2 Knoblauchzehen
- 3 El Öl
- 1 Prise Kardamom
- Pfeffer
- 1 Tl Kreuzkümmel
- 3 El Tomatenmark
- 750 g grüne Bohnen
- Salz
- 125 g Joghurt
- 125 g geschälte Nüsse

Zubereitungszeit 25 Minuten
(plus Garzeit)
Pro Portion ca. 310 kcal/1302 kJ
18 g E · 19 g F · 16 g KH

Bohnen-Pilz-Curry

Die Pilze putzen, sauber bürsten und vierteln. Die Möhren putzen, schälen und grob reiben.

Die Chilis putzen, waschen und halbieren. Den Stielansatz und die Kerne entfernen, anschließend die Schoten fein hacken.

Die Zwiebeln und den Knoblauch schälen. Die Zwiebeln fein würfeln, den Knoblauch hacken. Das Öl in einer Pfanne erhitzen, Zwiebeln, Knoblauch, Chilis, Kardamom, 1 Prise Pfeffer und Kreuzkümmel darin andünsten.

Die Pilze mit den Möhren, Tomatenmark und etwa 125 ml Wasser dazugeben. Die Bohnen putzen, waschen, entfädeln und ebenfalls dazugeben. Alles etwa 18 Minuten zugedeckt köcheln lassen.

Mit Salz und Pfeffer abschmecken. Die Pfanne vom Herd nehmen und den Joghurt unterheben. Alles 5 Minuten ziehen lassen. Mit Nüssen bestreut servieren.

Mealie Bread Ingwer-Pudding

Mealie Bread Ingwer-Pudding

Den Backofen auf 130 °C vorheizen. Die Butter in einer Schüssel schaumig rühren und nacheinander die Eier darunter schlagen.

Das Mehl und den Puderzucker sieben. Den Ingwer schälen und fein reiben. Kandierten Ingwer sehr fein hacken.

Mehlgemisch, frischen und kandierten Ingwer und Milch langsam unter die Schaummasse rühren. Die Masse in eine gebutterte Auflaufform geben, etwas glatt streichen und mit Pergamentpapier abdecken.

Die Form in ein Wasserbad stellen und im vorgeheizten Backofen bei 130°C etwa 1 Stunde garen lassen. Den Pudding aus der Form stürzen und warm servieren.

Für 4 Portionen
90 g Butter
2 Eier
100 g Mehl
100 g Puderzucker
1 Stück frischer Ingwer, ca. 4 cm
50 g kandierter Ingwer
2–3 El Milch
Butter für die Form
Pergamentpapier

Zubereitungszeit 15 Minuten
(plus Backzeit)
Pro Portion ca. 383 kcal/1607 kJ
7 g E · 23 g F · 39 g KH

Eingelegte Senffrüchte

Für 4 Portionen
600 g getrocknetes Mischobst z.B. Mangos, Äpfel, Birnen, Aprikosen, Pfirsiche
8 Knoblauchzehen
1 Tl Senfpulver
6 getrocknete Chilis
250 ml Weinessig
1 Tl Kurkuma, 4 Tl Salz
250 ml kalt gepresstes Öl
1 El schwarze Pfefferkörner
2–3 Gewürznelken
125 ml Fruchtsirup (a. d. Dose)

Zubereitungszeit 20 Minuten (plus Zeit zum Ziehen)
Pro Portion ca. 615 kcal/2583 kJ
6 g E · 15 g F · 111 g KH

Eingelegte Senffrüchte
Die Trockenfrüchte in etwa 5 mm breite Streifen schneiden. Den Knoblauch schälen und halbieren.

Das Senfpulver in eine Schüssel geben. Die Chilis fein zerrieben dazugeben. Alles mit dem Essig verrühren. Kurkuma, Salz und Öl darunter rühren. Die Pfefferkörner zerdrücken und mit den Gewürznelken dazugeben. Den Fruchtsirup darunter rühren.

Die Früchte und den Knoblauch in der Würzmarinade einlegen und gründlich damit vermischen.

Alles in Einmachgläser füllen und im Kühlschrank mindestens 1 Woche ziehen lassen, zwischendurch kräftig schütteln.

Von weitem erinnern die gelben Blüten des Senfs an Rapsblüten. In den Schoten, die sich aus den Blütenständen entwickeln, liegen die kleinen scharfen **Senfkörner** nebeneinander, die getrocknet als Gewürz verwendet werden. Senf kennen wir hauptsächlich in Form einer Paste, die aus gemahlenen Senfkörnern mit Wasser, Essig und verschiedenen Gewürzen verrührt werden. Aber auch als ganze Körner und zu Senfpulver vermahlen finden die Samen in der Küche Verwendung.

Chakalaka

Chakalaka

Die Zwiebeln und den Knoblauch schälen und klein würfeln. Die Chilis putzen, waschen und halbieren, anschließend den Stielansatz und die Kerne entfernen und die Schoten sehr klein würfeln. Zwiebeln, Knoblauch und Chili in der Hälfte des Öls weich dünsten.

Die Paprika putzen, waschen und halbieren, anschließend Stielansatz und Kerne entfernen. Paprika in Streifen schneiden und zu den Zwiebeln in die Pfanne geben. Unter Rühren etwa 2–3 Minuten mitbraten lassen.

Für 4 Portionen
2 Zwiebeln
1 Knoblauchzehe
2 große rote Chilischoten
125 ml Öl
3 gelbe Paprikaschoten
500 g gehobelter Weißkohl
500 g geraspelte Möhren
1/2 El Cayennepfeffer
1 El Paprikapulver
150 g Erbsen (a. d. Dose)
Salz
Pfeffer

Zubereitungszeit 25 Minuten
Pro Portion ca. 187 kcal/784 kJ
7 g E · 9 g F · 19 g KH

Das restliche Öl hinzugeben. Den Kohl mit den Möhren und den Gewürzen ebenfalls dazugeben und unter Rühren bissfest garen. Abgetropfte Erbsen in der Gemüsemischung erhitzen. Alles mit Salz und Pfeffer pikant abschmecken.

FRITTIERTE KARTOFFELN MIT KRÄUTERN

SÜSSKARTOFFELN MIT ORANGENSAFT UND KOKOSMILCH

SÜSSKARTOFFELN MIT ÄPFELN

SÜSSKARTOFFELN MIT ZWIEBELN UND SPECK

KANDIERTE SÜSSKARTOFFELN MIT NÜSSEN

SÜSSKARTOFFELN MIT MANDELN UND STERNANIS

Süßkartoffeln mit Ananas und Schinken

Für 4 Portionen
600 g Süßkartoffeln
3 El Butter zum Braten
1 kleine Ananas*
Pfeffer
Salz
1 Tl Rohrzucker
gemahlener Zimt
200 g Kochschinken*

Zubereitungszeit 20 Minuten (plus Garzeit)
Pro Portion ca. 248 kcal/1040 kJ
12 g E · 3 g F · 41 g KH

Süßkartoffeln mit Ananas und Schinken

Die Süßkartoffeln schälen, waschen und in dünne Scheiben schneiden.

In einer Pfanne Butter aufschäumen lassen, die Kartoffelscheiben dazugeben und unter Wenden garen.

Die Ananas schälen, den holzigen Strunk entfernen und das Fruchtfleisch klein würfeln. Ananaswürfel zu den Kartoffeln geben. Alles mit Pfeffer, Salz, Zucker und Zimt abschmecken, etwas Wasser hinzugeben.

Alles bei geringer Hitze etwa 15 Minuten leicht köcheln lassen, eventuell zwischendurch noch etwas Wasser zugeben.

Den Schinken würfeln, zum Kartoffel-Ananas-Gemisch geben und darin erhitzen.

* Die mit einem Sternchen versehenen Zutaten können ausgetauscht werden. Gewürze und Kräuter je nach Belieben.

Weinempfehlung
2005 McGregor Rosé
Wine of Origin McGregor

McGregor ist die Perle in Klein Karoo und ein hübsches kleines Dorf aus dem 19. Jahrhundert, in dem die Zeit stehen geblieben zu sein scheint. In dieser Weinbauregion, in der Nähe von Robertson, befinden sich die kalkhaltigsten Böden am Kap. Obwohl in McGregor bis zu 44 Rebsorten zugelassen sind, ist dieser Rosé zu 100% aus Pinotage gekeltert. Er erinnert in der Nase an Erdbeeren und reife Früchte und besitzt gleichzeitig eine jugendliche Frische. In Kombination mit dem Dattelsalat, den Zwiebeln und den Chilischoten zeigt sich die deutliche Restsüße dieses Weines als klarer Vorteil. Sie puffert die Schärfe der Chilischoten und die Süße der Datteln gekonnt mit delikater Saftigkeit und Harmonie.

Dattelsalat mit Zwiebeln und Chili

Dattelsalat mit Zwiebeln und Chili
Die Datteln putzen, vierteln und entkernen. Die Zwiebeln schälen und in dünne Ringe schneiden. In einem Topf Wasser zum Kochen bringen, salzen und die Zwiebeln darin 1 Minute aufkochen.

Für 4 Portionen
500 g frische Datteln
2 Zwiebeln
Salz
2 getrocknete Chilischoten
150 ml Balsamessig
2 Tl Zucker
Alfalfasprossen zum Servieren

Zubereitungszeit 20 Minuten
(plus Zeit zum Ziehen)
Pro Portion ca. 375 kcal/1575 kJ
3 g E · 1 g F · 86 g KH

Anschließend abgießen, abschrecken und auf Küchenpapier gut abtropfen lassen.

Die Dattelviertel und die Zwiebelringe in eine Salatschüssel schichten, die fein zerriebenen Chilischoten dazwischen streuen.

Den Essig nur leicht erwärmen, den Zucker darin auflösen und alles über den Salat gießen.

Datteln vor dem Servieren gut durchziehen lassen und auf einem Salatbett aus Alfalfasprossen servieren.

ietrocknete **Datteln** galten im Maghreb
ıhrhundertelang als Grundnahrungs-
ıittel, da sie ausreichend Nährstoffe ent-
alten, um beschwerliche Wüstendurch-
uerungen zu ermöglichen. Auch in Euro-
a werden sie getrocknet vor allem zur
Veihnachtszeit gegessen. Die frischen, sehr
üßen und saftigen Früchte der Dattelpal-
ne sind dagegen noch weitgehend unbe-
annt: Die bis zu 6 cm langen, gelblich bis
räunlichen Früchte wachsen in großen
Dolden in den Kronen der Dattelpalme.
m ehesten sind sie in Deutschland im
Jovember und Dezember erhältlich.

In seiner Heimat am Mittelmeer wächst **Rosmarin** wild als ungefähr ein Meter hoher, immergrüner und stark verholzender Strauch. Die Blätter sind schmal und eingerollt, an der Oberseite dunkelgrün glänzend und an der Blattunterseite samtig. Frisch und getrocknet erinnern die Blätter an Nadeln, der ganze Strauch an ein Nadelgehölz. In Südafrika gedeihen Rosmarin und andere mediterrane Kräuter im milden Klima vortrefflich. Einige Farmen haben sich ganz auf den biologisch dynamischen Anbau von Kräutern verlegt. Das nach Kiefer duftende Aroma von Rosmarin passt zu Fleisch-, Fisch und Gemüsegerichten. Typisch südafrikanisch ist die Verarbeitung der Kräuter zu einer Würzpaste.

Möhren in Rosmarin-Senf

Für 4 Portionen
600 g Möhren
Salz
4 Stiele Rosmarin
8 Stiele Petersilie
2 Knoblauchzehen
3 El Butter
1 Tl Senfpulver
1–2 Tl Zucker

Zubereitungszeit 20 Minuten (plus Garzeit)
Pro Portion ca. 97 kcal/408 kJ
2 g E · 7 g F · 6 g KH

Möhren in Rosmarin-Senf

Die Möhren putzen, schälen und in Stifte schneiden. In einem Topf in wenig Salzwasser etwa 5 Minuten bissfest garen. Anschließend abgießen und abtropfen lassen.

Die Kräuter waschen und trockenschütteln. Beim Rosmarin die Nadeln von den Stielen zupfen und klein hacken, Petersilie beiseite legen.

Den Knoblauch schälen. 2 El Butter in einem Topf aufschäumen lassen. Die Butter mit dem Senfpulver, dem gehackten Rosmarin und dem Zucker zu einer Paste verrühren.

Den Knoblauch dazupressen und die Möhren darunter heben. Die restliche Butter hinzufügen und alles zugedeckt etwa 5 Minuten leicht köcheln lassen. Die Petersilie hacken und zum Schluss zu den Möhren geben.

WARWICK
WARWICK
THREE CAPE LADIES
2002
CAPE BLEND

Rotkohl mit Äpfeln

Den Rotkohl putzen, waschen und vierteln. Den Strunk herausschneiden und den Rotkohl in feine Streifen schneiden. In einem großen Topf Wasser aufkochen, den Weinessig dazugeben, den Rotkohl zugeben und alles etwa 10 Minuten kochen lassen.

Anschließend abgießen und gut abtropfen lassen. Die Butter in einem Topf erhitzen und den Rotkohl unter Rühren darin andünsten. Den Honig darüber träufeln.

Die Äpfel waschen, schälen und entkernen, anschließend in Spalten schneiden und unter den Rotkohl mischen. Mit etwas gemahlener Nelke, Zucker und Salz würzen, etwas Wasser angießen. Zugedeckt etwa 30 Minuten gar köcheln lassen.

Rotkohl mit Äpfeln

Für 4 Portionen
1 kg Rotkohl
1 El Weinessig
2 El Butter
1–2 Tl Honig
3 säuerliche Äpfel
gemahlene Nelken
etwas Zucker
1/2 Tl Salz

Zubereitungszeit 20 Minuten
(plus Garzeit)
Pro Portion ca. 154 kcal/647 kJ
4 g E · 5 g F · 22 g KH

Weinempfehlung
2002 Three Cape Ladies
Warwick Estate
Stellenbosch

Three Cape Ladies verdankt seinen Namen dem Verschnitt drei verschiedener Rebsorten zu gleichen Anteilen: Cabernet Sauvignon, Merlot und Pinotage. Jede dieser Rebsorten zeigt individuelle Eigenschaften: Pinotage gibt Saft und Kraft, Merlot die subtile Würze und der elegante Cabernet Sauvignon bildet das Rückgrat dieses fruchtbetonten Rotwein-Cuvées. Gestützt wird das Rebsortenteam durch eine 24-monatige Lagerung in französischen Barriques.

Weinempfehlung
2004 Chardonnay
Vergelegen
Wine of Origin Stellenbosch

Vergelegen bedeutet in Afrikaans „abseits gelegen". Das Weingut, das auf eine lange Geschichte zurückblickt, wurde im 17. Jahrhundert dem Gouverneur des Kaps van der Stel zuerkannt. Heute ist es vor allem für großartige Weine bekannt. Dieser beispielhafte Chardonnay besitzt eine grün-goldene Farbe und intensive, ausdrucksstarke Aromen: Zitrus, Biskuit, Toast, Vanille. Er präsentiert sich als eleganter Wein mit einem ausgewogenen Frucht-Holz-Spiel und ist deshalb der passende Begleiter zum Gerstenrisotto mit grünem Spargel. Die Chardonnay-Trauben für diesen Wein wurden direkt nach der Pressung in französischen Barriques vergoren. Die nachfolgende Lagerung in kleinen Eichenholzfässern über sieben Monate gibt dem Wein Struktur, Nachhaltigkeit und Eleganz. Der Gewinn der Lagerung auf der Feinhefe ist die sich entwickelnde Cremigkeit der Weine, ohne dass der fruchtige Charakter abhanden kommt.

Gerstenrisotto

Gerstenrisotto
Den Spargel putzen, waschen und das untere Ende schälen. Anschließend schräg in kleine Stücke schneiden. Die Butter in einer Pfanne kurz erhitzen und den Spargel darin 5 Minuten andünsten.

Für 4 Portionen
250 g grüner Spargel
2 El Butter
175 g entspelzte Gerstenkörner
125 ml Hühnerbrühe
125 ml Sahne
Salz
Pfeffer
1–2 El geriebener Käse
1 Tl gehackter Majoran

Zubereitungszeit 35 Minuten
Pro Portion ca. 265 kcal/1113 kJ
7 g E · 13 g F · 31 g KH

Die Gerste und die Hühnerbrühe unter Rühren dazugeben und alles bei geringer Hitze köcheln lassen, bis die Flüssigkeit fast verdampft ist.

Die Sahne angießen und langsam einköcheln lassen.

Sobald die Gerste gar ist, das Risotto mit Salz und Pfeffer abschmecken.

Vor dem Servieren mit dem frisch geriebenen Käse und dem gehackten Majoran bestreuen.

Die **Gerste** ist eine sehr alte Kulturpflanze, die in Europa bereits in der Jungsteinzeit kultiviert wurde. Dank verschiedener Züchtungen kann das Getreide auch auf verhältnismäßig kargen Böden wachsen. Für die menschliche Ernährung werden die Körner meist zu Grütze, einem geschälten und grob geschnittenen Korn, oder zu Graupen, also in geschälter und polierter Form, verarbeitet. Sie werden vor allem als sättigende Einlage für Suppen oder für Brei verwendet. Für die Ernährung der afrikanischen Urbevölkerung war Getreide, d. h. pflanzliches Eiweiß, sehr wichtig. Berichte aus den Jahren der ersten Besiedlung durch die Holländer belegen, dass in Südafrika Getreide, Gemüse und Hülsenfrüchte kultiviert wurden.

Die rötlich-braune Gewürzmischung **Garam Masala** spielt in der indischen Küche eine sehr große Rolle. Ihr Name bedeutet „heißes Gewürz", denn die Mischung wurde ursprünglich nach der ayurvedischen Lehre hergestellt, um das Agni, das Verdauungsfeuer, anzuregen. Zu den ursprünglichen Gewürzen gehören daher schwarzer Kardamom, Zimt, Gewürznelken, schwarzer Pfeffer, Kreuzkümmel und natürlich Chili. Mittlerweile gibt es aber auch mildere Gewürzmischungen unter dem gleichen Namen, in denen auch Gewürze wie grüner Kardamom Verwendung finden.

Mais mit Garam Masala

Für 4 Portionen
6 frische Maiskolben
2 El Butter
2 El Garam Masala
1 Tl Senfsamen
1 grüne Chili
1 rote Chili
100 ml Milch
Salz

Zubereitungszeit 20 Minuten
(plus Garzeit)
Pro Portion ca. 238 kcal/1000 kJ
8 g E · 6 g F · 37 g KH

Mais mit Garam Masala
Den Mais putzen, waschen und die Maiskörner mit einem scharfen Messer von den Maiskolben lösen.

Die Butter in einer weiten Pfanne aufschäumen lassen. Das Garam Masala, die Senfsamen und die Maiskörner hinzufügen und unter Rühren darin anbraten.

Die Chilis putzen, waschen und halbieren, den Stielansatz und die Kerne entfernen und die Schoten fein gewürfelt dazugeben.

Die Milch dazugießen, alles salzen und zugedeckt leicht köcheln, bis der Mais gar ist.

Die Milch sollte dann eingekocht und die Maiskörner trocken sein. Eventuell zwischendurch noch etwas Milch dazugeben.

Chutneys, Saucen und Pasten

Die Säulen der südafrikanischen Küche: Chutneys

Eigentlich bedeutet Chatni auf Hindi „zum Lecken“ – und das passt fabelhaft zu den fruchtigen, süß-sauren und bisweilen feurig-scharfen Chutneys, die am Kap beinahe zu allem gegessen werden. Die Südafrikaner tauchen gegrilltes Fleisch oder Fisch in die herbe Konfitüre, rühren sie in Eintöpfe oder tunken ihren Lieblingssnack Biltong hinein. Das berühmteste Chutney ist das von „Mrs. Ball's“, das man schon fertig in Flaschen kaufen kann. Köstlicher ist natürlich das selbst gemachte: Dann verkochen reife Früchte oder Gemüse stundenlang mit Zucker, Essig und aromatischen Gewürzen zu einer festen Konfitüre. Meist werden große Mengen auf Vorrat gekocht. Ihre vollen Aromen entwickeln die Chutneys übrigens erst nach ein paar Tagen Lagerung in kühlen dunklen Räumen.

Chutneys, Saucen und Pasten

Aromatische, bekömmliche Begleiter zu Fleisch und Gemüse

Auch die südafrikanischen Saucen, die zu Gegrilltem, Reis und Gemüse serviert werden, basieren auf fruchtigen Aromen. Sie werden mit Nüssen und asiatischen Gewürzen wie Koriander, Chili und Curry verfeinert – und sind so ganz der Kap-malaiischen Küche verschrieben.

Nur wenige Ausnahmen sind – wie etwa die typische Sauce aus Mais und Okra – der originären Küche der farbigen Bevölkerung entnommen.

Chutneys, Saucen und Pasten

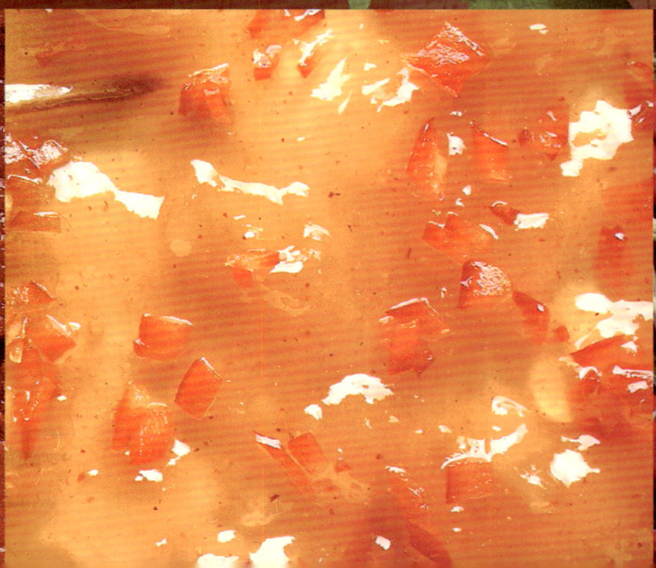

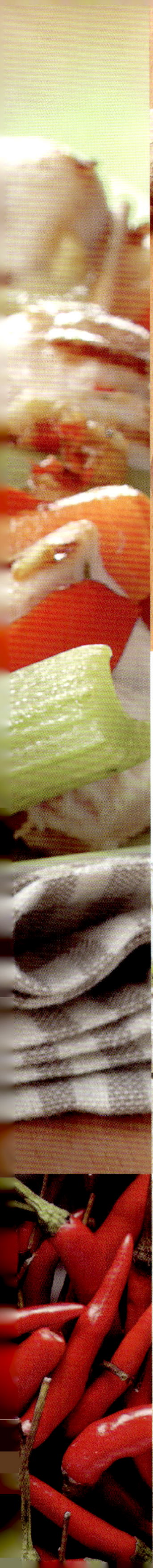

Für Saucen und Marinaden wird nicht sehr viel Öl verwendet, dafür umso mehr scharfe Chilis.

Man reicht sie zu Grillgerichten, Chapati, Fleisch und Beilagen. Die Südafrikaner lassen darin aber auch gern ihr Grillfleisch marinieren.

Kap-malaiische Grillmarinade

Für 4 Portionen
- 5 Knoblauchzehen
- 1 Stück frischer Ingwer, ca. 5 cm
- 2 Tl gemahlener Koriander
- 75 ml Öl
- 3 El Aprikosen-Chutney
- 2 fein gehackte Chilis
- Salz
- Saft von 1 Zitrone

Zubereitungszeit 15 Minuten
Pro Portion ca. 27 kcal/114 kJ
1 g E · 1 g F · 5 g KH

Den Knoblauch und den Ingwer schälen und sehr fein hacken. Mit Koriander, Öl, Chutney, Chilis, 1 Tl Salz und Zitronensaft verrühren.

Das Grillfleisch darin einlegen und mindestens 2 Stunden marinieren lassen.

Beim Grillen immer wieder mit der Marinade bestreichen.

MIT LIMETTEN, ROSINEN UND CHILI

MIT ANANAS UND SENF

MIT ÄPFELN, ZWIEBELN UND ROSINEN

MIT BIRNEN, ÄPFELN UND ROSINEN

MIT ÄPFELN, PFIRSICHEN UND APRIKOSEN

MIT SÜSSKIRSCHEN, PAPRIKA UND ROSINEN

Apfel-Dattel-Walnuss-Chutney

Für 4 Portionen
250 g saure Äpfel*
200 g Datteln*
1 Stück frischer Ingwer, ca. 2 cm
40 g Walnüsse*
125 g Zwiebeln
1/4 Tl Cayennepfeffer
Pfeffer
Salz
125 ml Rotweinessig
3 El Zucker

Zubereitungszeit 25 Minuten (plus Garzeit und Zeit zum Ziehen)
Pro Portion ca. 258 kcal/1082 kJ
3 g E · 7 g F · 44 g KH

Apfel-Dattel-Walnuss-Chutney
Die Äpfel schälen, entkernen und fein würfeln. Die Datteln putzen, den Kern herauslösen und die Früchte in Streifen schneiden.

Den Ingwer schälen und fein hacken. Die Walnüsse klein hacken. Die Zwiebeln schälen, fein würfeln und in 50 ml Wasser etwa 5 Minuten kochen lassen.

Die Apfelwürfel dazugeben und 10 Minuten köcheln lassen. Die zerkleinerten Datteln mit den gehackten Walnüssen, dem Ingwer, Cayennepfeffer, 1/2 Tl Pfeffer, 1 1/2 Tl Salz sowie die Hälfte des Essigs dazugeben.

Alles so lange köcheln, bis die Masse eindickt. Die Masse zwischendurch umrühren. Den Zucker und restlichen Essig dazufügen. Weiter köcheln, bis das Chutney dick wird.

Das Chutney in Gläser füllen und verschließen. Vor dem Servieren im Kühlschrank etwa 2–3 Wochen durchziehen lassen.

* Die mit einem Sternchen versehenen Zutaten können ausgetauscht werden. Gewürze und Kräuter je nach Belieben.

Weinempfehlung
2005 Chenin Blanc
Leopard's Leap
Wine of Western Cape

Frisches, feinfruchtiges Bukett nach schwarzen Johannisbeeren, im Mund leicht würzig und mit viel Substanz, jedoch ohne behäbig zu wirken. Aufgrund der milden, niedrigen Säure lässt sich dieser Wein ideal zur gehaltvollen Avocadocreme kombinieren, mit der er eine geschmackvolle Symbiose eingeht. Aus dieser Rebsorte entstehen sowohl fruchtige, mittelschwere Weißweine für jeden Tag, als auch gebietstypische Weine mit fruchtig geprägtem Charakter. In seinem Heimatland Frankreich, wie auch in Südafrika, wo Chenin Blanc die meistangebaute Weißweinsorte darstellt, ist er als Begleiter der jeweiligen Küche nicht wegzudenken.

Avocadocreme

Avocadocreme
Die Avocados putzen, waschen und halbieren, den Kern aus dem Fruchtfleisch herauslösen und entfernen. Das Fruchtfleisch mit einem Teelöffel vorsichtig aus der Schale heben und im Mixer fein pürieren.

Die Avocadoschalen beiseite stellen.

Das Avocadopüree mit dem Rohrzucker und dem Honig gut verrühren.

Die Avocadocreme mit Zitronensaft abschmecken.

Die Creme in 4 Avocadoschalen füllen und servieren.

Für 4 Portionen
3 reife Avocados
4 Tl Rohrzucker
2 Tl Honig
ca. 1 Tl Zitronensaft

Zubereitungszeit 15 Minuten
Pro Portion ca. 425 kcal/1785 kJ
3 g E · 40 g F · 15 g KH

Ihren Ursprung hat die **Avocado** im Süden Mexikos. Der immergrüne Baum wurde dort bereits von den Azteken kultiviert. Obwohl wir die Avocado eher als Gemüse ansehen, zählt sie botanisch zu den Beeren. Essbar ist lediglich das buttrige Fruchtfleisch, das erstaunlich fettreich ist. Die Verwendung der Avocado ist äußerst vielseitig: Schon pur, mit etwas Zitronensaft beträufelt und mit Salz und schwarzem Pfeffer abgeschmeckt, ist sie ein Genuss. Zu empfehlen ist sie aber auch als Brotaufstrich mit scharfem Chili verfeinert. In Südafrika bevorzugt man die süße Variante mit Honig und Rohrzucker, die hervorragend mit gegrilltem Fleisch oder Fisch harmoniert.

Ein beliebtes Würzmittel in Südafrika sind geräucherte und anschließend getrocknete **Shrimps**, die man auch Crawfish oder Crayfish nennt und die man nicht mit den gleichnamigen Langusten verwechseln sollte. Letztere sind so delikat, dass man sie lieber gebraten oder gegrillt isst. Man unterscheidet zwei Arten von Crayfisch: Langusten aus dem kalten Atlantik und Langusten aus dem warmen Indischen Ozean. Sie unterscheiden sich zwar nicht im Aussehen, aber im Geschmack. Gegessen wird der Crayfish übrigens am besten mit den Fingern.

Für 4 Portionen
50 g getrocknete Chilischoten
2 Zwiebeln
150 ml Öl
125 g Tomatenmark
1 Stück frischer Ingwer, ca. 8 cm
Salz, Pfeffer
ca. 200 g gemahlene, geräucherte Shrimps aus dem Asialaden

Zubereitungszeit 15 Minuten (plus Garzeit)
Pro Portion ca. 176 kcal/740 kJ
13 g E · 9 g F · 10 g KH

Shrimps-Pfeffer-Sauce

Shrimps-Pfeffer-Sauce
Die Chilis in etwa 150 ml Wasser einweichen und beiseite stellen.

Die Zwiebeln schälen und fein hacken. Das Öl in einem Topf erhitzen und die Zwiebeln unter ständigem Rühren etwa 3 Minuten darin anbraten.

Das Tomatenmark hinzufügen und mitdünsten. Alles etwa 10 Minuten zu einer Paste köcheln lassen. Inzwischen die Chilis mit einem Viertel des Einweichwassers im Mixer fein pürieren.

Den Ingwer schälen und fein raspeln. Das Chilipüree mit dem Ingwer zur Paste dazugeben. Mit Salz und Pfeffer kräftig würzen.

Die gemahlenen Shrimps unter die Zwiebel-Tomaten-Mischung rühren.

Falls die Mischung zu fest wird, noch etwas Öl darunter rühren. Die Chilipaste anschließend unter ständigem Rühren noch etwa 8 Minuten köcheln lassen.

Die Sauce in saubere Gefäße füllen und verschließen. Sauce im Kühlschrank aufbewahren.

2001
Meifort
CONSTANTIA
Buitenverwachting
PRODUCT OF SOUTH AFRICA

Okra-Mais-Chutney

Die Okraschoten putzen, waschen und in dünne Scheiben schneiden. Den Mais in einem Sieb abtropfen lassen. Die Paprika putzen, waschen und halbieren, den Stielansatz und die Kerne entfernen und die Schoten klein würfeln.

Die Zwiebeln und die Knoblauchzehen schälen, die Zwiebeln fein hacken und den Knoblauch zerdrücken. In einem Topf das Öl erhitzen und die Zwiebeln und den Knoblauch darin andünsten.

Die Okrascheiben mit dem Mais und den Paprikawürfeln dazugeben. Die Tomaten grob zerkleinern und mit dem Saft ebenfalls dazugeben.

Alles miteinander vermischen und etwa 15 Minuten köcheln lassen, bis alles weich ist. Mit Salz und Pfeffer abschmecken.

Okra-Mais-Chutney

Für 4 Portionen
400 g Okraschoten
1 kleine Dose Mais
2 grüne Paprika
7 Zwiebeln
2 Knoblauchzehen
3 El Öl
1 kleine Dose geschälte Tomaten, ca. 300 g
Salz, Pfeffer

Zubereitungszeit 20 Minuten (plus Kochzeit)
Pro Portion ca. 148 kcal/620 kJ
6 g E · 4 g F · 21 g KH

Weinempfehlung
2001 Meifort
Buitenverwachting
Wine of Origin Constantia

Buitenverwachting in Constantia ist neben Groot Constantia das bekannteste Weingut. Dieser Blend ist deutlich von Cabernet Sauvignon und Cabernet Franc geprägt. Aromen von grüner Paprika und schwarzen Johannisbeeren findet man sowohl im Wein als auch im Okra-Paprika-Gemüse. Der Merlotanteil sorgt für eine begleitende, saftige Frucht. Constantia ist das älteste und traditionsreichste Weinbaugebiet Südafrikas. Sein legendärer Süßwein ist berühmt und erzielte im 18. Jahrhundert höhere Preise als seine gefeierten Pendants aus europäischen Weinbergen.

Zwiebel-Aprikosen-Sauce

Für 4 Portionen
6 Zwiebeln
3 El Öl
2 El Currypulver
1,5 Tl Cayennepfeffer
1–2 El Aprikosenmarmelade
300 ml Weinessig
Salz, Pfeffer

Zubereitungszeit 15 Minuten
(plus Zeit zum Ziehen)
Pro Portion ca. 77 kcal/321 kJ
2 g E · 3 g F · 10 g KH

Zwiebel-Aprikosen-Sauce
Die Zwiebeln schälen und sehr fein würfeln. Das Öl in einem Topf erhitzen und die Zwiebelwürfel unter Rühren darin glasig dünsten.

Das Currypulver und den Cayennepfeffer unterrühren und dünsten, bis es anfängt zu duften.

Die Aprikosenmarmelade unterrühren. Den Essig hinzugießen und unterrühren.

Die Sauce kräftig mit Salz und Pfeffer würzen und gut verrühren.

Abkühlen lassen und mindestens 1 Tag durchziehen lassen.

Die südafrikanische Küche hat sich aus vielen verschiedenen kulinarischen Traditionen bedient, und in der Kunst der **Saucenherstellung** versteht sie es meisterhaft, das Süße mit dem Feurigen und das Fruchtige mit dem Herben zu verbinden. Zu den beliebtesten Zutaten gehört die aus dem aromatischen und saftigen Fruchtfleisch der Aprikose hergestellte gleichnamige Marmelade, die in Verbindung mit scharfem Cayennepfeffer Fleisch- und Fischgerichte ausgezeichnet begleitet.

Kap-malaiische Grillsauce

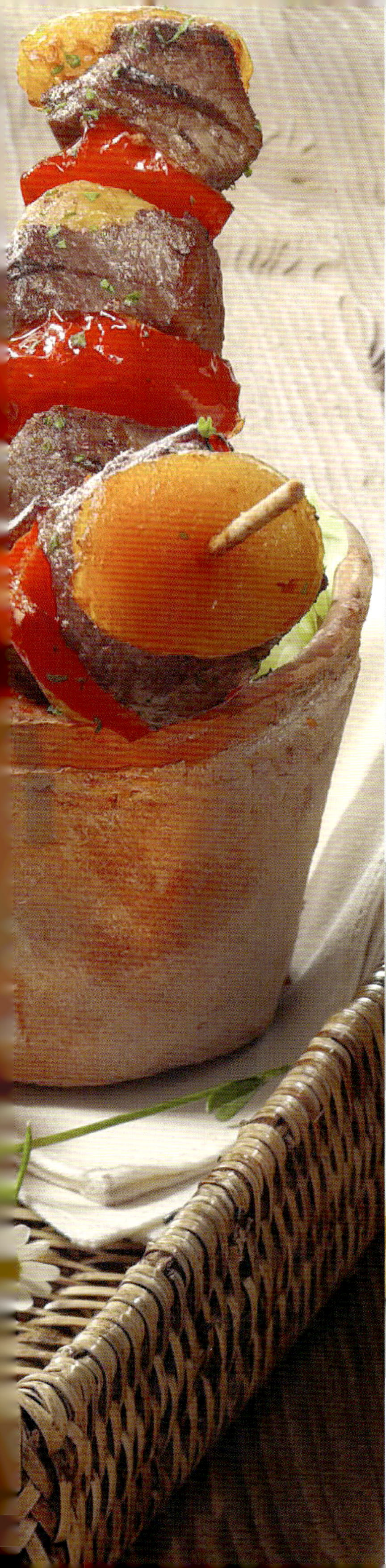

Kap-malaiische Grillsauce

Die Frühlingszwiebeln putzen, waschen und klein schneiden. Den Knoblauch schälen und fein hacken.

Die Aprikosenmarmelade mit dem Senf, der Worcestersauce, dem Rotweinessig und dem Öl verrühren.

Den Tomatenketchup dazugeben und unterrühren. Alles mit Pfeffer und Salz pikant abschmecken.

Für 4 Portionen
8 Frühlingszwiebeln
1 Knoblauchzehe
1 Tl Aprikosenmarmelade
1 Tl scharfer Senf
1 Tl Worcestersauce
3 El Rotwein-Essig
3 El Olivenöl
200 ml Tomatenketchup
Pfeffer
Salz

Zubereitungszeit 15 Minuten
(plus Zeit zum Ziehen)
Pro Portion ca. 114 kcal/477 kJ
2 g E · 3 g F · 19 g KH

Die Frühlingszwiebeln und den Knoblauch zur Sauce dazugeben und unterheben. Die Sauce abgedeckt mindestens 4 Stunden durchziehen lassen.

ANANAS SAMBAL

APFEL SAMBAL

TOMATEN SAMBAL

SAMBAL MIT FRÜHLINGSZWIEBELN

TOMATEN-ERDNUSS-SAMBAL

SAMBAL TRASSI

Avocado Sambal

Für 4 Portionen
1 große, reife Avocado*
250 g Joghurt*
2 grüne Chilis
1/4 Bund frischer Koriander oder Petersilie
1 Tl Zucker

Zubereitungszeit 20 Minuten
Pro Portion ca. 173 kcal/725 kJ
3 g E · 16 g F · 5 g KH

Avocado Sambal
Die Avocado halbieren, den Kern aus dem Fruchtfleisch herauslösen und entfernen.

Das Fruchtfleisch mit einem Teelöffel aus der Schale heben und im Mixer fein pürieren. Den Joghurt dazugeben und untermixen.

Die Chilis putzen, waschen und halbieren. Den Stielansatz und die Kerne entfernen. Anschließend die Schoten klein hacken und zum Sambal dazugeben.

Den Koriander oder die Petersilie waschen, trockenschütteln und die Blättchen klein hacken.

Etwas zum Garnieren beiseite stellen. Gehackten Koriander oder gehackte Petersilie mit dem Zucker zum Sambal dazugeben und damit vermischen.

Das Sambal luftdicht verschließen und kalt stellen. Mit restlichem Koriander oder Petersilie garnieren.

* Die mit einem Sternchen versehenen Zutaten können ausgetauscht werden. Gewürze und Kräuter je nach Belieben.

Weinempfehlung
2003 Shiraz
Golden Triangle
Stellenbosch
Stellenzicht Wines

„Golden Triangle" ist keineswegs ein Fantasiename. Die Weinanbauzone am Helderberg Mountain zwischen Stellenbosch und dem atlantischen Ozean gilt aufgrund des Klimas und der Lage als „golden" für Weine von Qualität. Eine weiche, runde Frucht, Pflaume, Lakritz, Nelke und ausgeprägte Bitterschokolade prägen diesen harmonischen Wein. Seine runde Opulenz, in Kombination mit der zarten Holznote und der ausgewogene Körper lassen ihn im Mund ausbalanciert erscheinen und integrieren den hohen Alkoholgehalt perfekt. Die süßscharfe Erdnuss-Sauce und das dazu servierte gegrillte Fleisch werden mit diesem Shiraz hervorragend ergänzt.

Erdnuss-Sauce

Erdnuss-Sauce

Den Knoblauch schälen und fein hacken. Den Ingwer ebenfalls schälen und fein reiben.

Die Erdnussbutter in einem Topf erhitzen und den Knoblauch mit dem Ingwer darin andünsten. Mit Kardamom, Kreuzkümmel, Tabasco und Paprikapulver würzen.

Alles unter Rühren erhitzen, aber nicht kochen lassen. Den Topf vom Herd nehmen, salzen und pfeffern.

Den Joghurt dazugeben und unterziehen. Die Sauce warm oder kalt servieren.

Für 4 Portionen
3 Knoblauchzehen
1 Stück frischer Ingwer, ca. 3 cm
200 g Erdnussbutter
½ Tl Kardamom
½ Tl Kreuzkümmel
2–3 Tropfen Tabasco
½ Tl Paprikapulver
½ Tl Pfeffer
1 Tl Salz
250 g Joghurt

Zubereitungszeit 15 Minuten
Pro Portion ca. 335 kcal/1407 kJ
15 g E · 27 g F · 9 g KH

Die **Ingwerwurzel** war ursprünglich auf den südpazifischen Inseln beheimatet, bevor sie ihren Siegeszug über den gesamten Erdball antrat. Die je nach Erntezeitpunkt und Zubereitungsart mal milde, mal scharfe Knolle dient in erster Linie als Gewürz, erobert aber immer mehr auch als in Sirup eingelegte oder schokoladenüberzogene Süßigkeit die Welt. In dieser Form gilt der Ingwer vor allem als Aphrodisiakum. Als Arzneipflanze spricht man dem Ingwer geradezu allumfassende Heilwirkungen zu.

Frischer **Koriander** ähnelt im Blatt der Petersilie, weshalb er auch oft als „asiatische Petersilie" bezeichnet wird. Sein Geschmack ist jedoch wesentlich intensiver, ein bisschen seifig und gleichzeitig bitter-scharf.

Koriandersamen sind – wenn sie frisch sind – von süßlich-scharfem Aroma. Am besten röstet man sie kurz an und zerstößt sie anschließend im Mörser, dadurch können sich die Bitteraromen erst gar nicht entfalten.

Für 4 Portionen
75 g grüne Chili
1 Zwiebel
8–10 Knoblauchzehen
1 Stück frischer Ingwer, ca. 7 cm
125 ml Olivenöl
75 ml Balsamico-Essig
125 ml Weinessig
50 g Zucker
Salz
2 Bund Koriander oder Petersilie

Zubereitungszeit 15 Minuten
(plus Kochzeit)
Pro Portion ca. 138 kcal/580 kJ
3 g E · 4 g F · 21 g KH

Süße Chili-Koriander-Sauce

Süße Chili-Koriander-Sauce
Die Chilis putzen, waschen und halbieren, den Stielansatz und die Kerne entfernen.

Die Zwiebel und den Knoblauch schälen und fein hacken. Den Ingwer schälen und fein reiben.

Etwas Öl in einem Topf erhitzen. Zwiebeln, Knoblauch und Ingwer darin andünsten, bis die Zwiebel glasig ist. Chilihälften dazugeben und Balsamico- und Weinessig angießen.

Den Zucker dazugeben und darunter rühren. Alles mit Salz abschmecken. Unter Rühren auf etwa die Hälfte reduzieren lassen.

Das restliche Olivenöl hinzugießen und aufkochen lassen. Vom Herd nehmen und alles fein pürieren.

Den Koriander oder die Petersilie waschen, trockenschütteln und fein pürieren.

Die Kräuterpüree zur Sauce dazugeben und unterrühren.

Die Sauce kann gut verschlossen etwa 3 Monate im Kühlschrank aufbewahrt werden.

Fleisch, Wild und Geflügel

Die Kap-Küche bietet einen großen Reichtum an Wild- und Fleischspezialitäten.

Fleisch, Wild und Geflügel stehen in Südafrika reichlich auf dem Speiseplan, in allen erdenklichen Varianten und immer in bester Qualität. Am Kap der guten Hoffnung ist Massentierhaltung so gut wie unbekannt, die Tiere leben entweder wild oder auf riesigen Weiden. Das gilt für Rind, Lamm und Ziege ebenso wie für Strauß, Springbock, Kudu und Büffel.

Exotisch und sehr wohlschmeckend sind besonders die Wildspezialitäten, wobei Straußenfleisch und Springbock inzwischen auch in Deutschland vielerorts erhältlich sind.

Fleisch, Wild und Geflügel

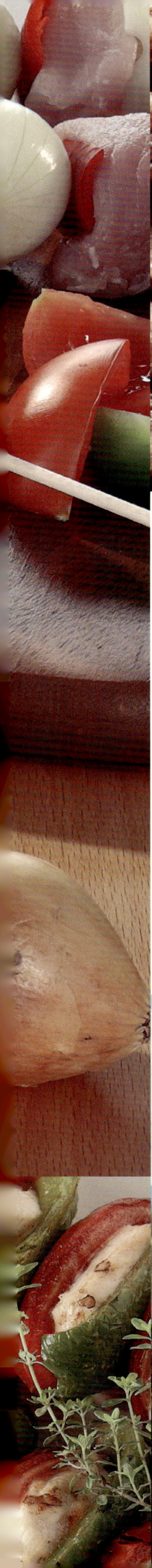

Wegen des großen Wildreichtums konzentrierte sich die ländliche südafrikanische Küche traditionell auf Wild. Heute umfasst das Angebot jedoch auch Weidelamm, z. B. Karoo-Lamm und Rindfleisch. Lediglich Schweinefleisch wird man seltener auf der Speisekarte finden.

Die Nachfahren der Buren lieben herzhaftes Fleisch, wie z. B. luftgetrocknetes Biltong, deftig-würzige Bauernbratwurst, die so genannte Boerewors, und Eintöpfe mit viel Fleisch.

Die indische und kap-malaiische Küche zeichnet sich durch feurig-scharfe Currys, Bredies und Sosaties aus, kleine Fleischspießchen, die mit einer leichten Fruchtnote abgeschmeckt werden. Schwarzafrikaner bevorzugen gekochtes Fleisch, das mit dem traditionellen Pap, einem Brei aus Maismehl, Gemüse und Gewürzen, serviert wird.

Fleisch, Wild und Geflügel

Geflügel wird in Südafrika sehr geschätzt, besonders Straußenfleisch steht hoch im Kurs. Auch Hühnerfleisch wird gern und oft verarbeitet. Viele Rezepte stammen aus der asiatischen Küche.

Schmorhuhn

Für 4 Portionen
2 kleine Hühnchen
150 ml Erdnussöl
5 Zwiebeln
1 grüne Paprikaschote
1 rote Peperoni
1 gelbe Peperoni
ca. 200 ml Zitronensaft
3 El Essig
Salz
Pfeffer

Zubereitungszeit 15 Minuten
(plus Garzeit)
Pro Portion ca. 273 kcal/1145 kJ
17 g E · 20 g F · 6 g KH

Hühnchen in Portionsstücke zerteilen und in Öl anbraten oder auf einem Holzfeuer grillen. Anschließend in einen Topf geben.

Die Zwiebeln schälen und in Scheiben geschnitten dazugeben. Paprika und Peperoni putzen, waschen und halbieren. Stielansatz und Kerne entfernen und die Schoten fein würfeln.

Paprika und Peperoni mit Zitronensaft, Essig und 300 ml Wasser dazugeben. Mit Salz und Pfeffer würzen und etwa 20 Minuten gar schmoren.

MIT SAHNE UND APRIKOSEN

MIT ÄPFELN UND FRÜHLINGS-ZWIEBELN

MIT WEINTRAUBEN UND ROTWEIN

ᴍIT WEINTRAUBEN UND CHILI

MIT BROMBEEREN, HIMBEEREN UND WEIN

MIT BIRNEN, ÄPFELN, ZWIEBELN UND WEISSWEIN

Wild-Bredie mit Aprikosen und Bier

ür 4 Portionen
kg Rehfilet*
kleine Zwiebel
Knoblauchzehe
00 ml Olivenöl
50 ml Rinderbrühe
00 ml Bier*
00 g Mini-Maiskolben*
El Honig
El Aprikosenmarmelade
00 g Aprikosen*
00 g Beeren gemischt
.B. Stachelbeeren und
oysenbeere*

ubereitungszeit 30 Minuten
o Portion ca. 693 kcal/2909 kJ
7 g E · 28 g F · 69 g KH

Wild-Bredie mit Aprikosen und Bier

Das Filet in grobe Würfel schneiden. Die Zwiebel und den Knoblauch schälen und klein hacken.

Das Öl in einem Topf erhitzen und Zwiebeln mit dem Knoblauch darin glasig andünsten. Filetwürfel darin kräftig anbraten. Die Rinderbrühe und das Bier dazugießen. Alles köcheln lassen und die Flüssigkeit um etwa 1/3 einreduzieren.

Inzwischen die Maiskolben putzen, waschen und abtrocknen. Anschließend der Länge nach halbieren. Den Honig mit der Aprikosenmarmelade in einer Pfanne erhitzen.

Die Maiskolben darin rundherum glasieren, etwas ziehen lassen. Die Aprikosen und die Beeren putzen, waschen und abtrocknen. Aprikosen halbieren und vom Stein lösen.

Das Obst anschließend zu den Maiskolben in die Pfanne geben und ebenfalls darin glasieren.

Das Fleisch anrichten und die Maiskolben mit den Früchten darüber verteilen.

In Südafrika wird dieses Gericht traditionell mit Springbock zubereitet.

* Die mit einem Sternchen versehenen Zutaten können ausgetauscht werden. Gewürze und Kräuter je nach Belieben.

Weinempfehlung
2003 Zinfandel Wineyard Selection
Blaauwklippen
Wine of Coastal Region

Die meisten Rebsorten, die heute zum südafrikanischen Sortenspektrum gehören, wurden aus anderen Weinkulturen eingeführt, sind aber mittlerweile Teil des südafrikanischen Weinbaus. Ein Zinfandel ist allerdings immer noch ein kleiner Exot in dieser Reihe. Ein Glück, dass er dort wächst, denn er ist der ideale Begleiter zum Malaiischen Eintopf. Die süß-sauren Komponenten werden vom Wein unterstützt aber auch verstärkt: Ausgeprägte eingekochte Noten von Pflaumenkompott, fast schon Zwetschgenkuchen, mit Zimt. Sehr intensive, fast würzige und kraftvolle Aromen. Das Aroma von dunklen Beeren findet man auch im Mund, begleitet von einer erfrischenden Säure, die dem Lammtopf gut entgegensteht. Kein ausgesprochen dichter Wein, aber mit Kraft und Volumen. Der – neben den süßlichen Komponenten – auch sehr typische hohe Alkohol des Zinfandels gibt diesem idealen Begleiter des Schmorgerichts die erforderliche Länge.

Kap-malaiischer Lammtopf

Kap-malaiischer Lammtopf
Tamarindensamen in 125 ml Wasser 1 Stunde einweichen. Anschließend absieben und Saft beiseite stellen.

Fleisch in mundgerechte Würfel schneiden. Zwiebeln und Knoblauch schälen und fein hacken. Das Öl erhitzen, Zwiebeln und Knoblauch darin andünsten.

Herausnehmen und beiseite stellen. Fleisch in dem Bratfett kurz anbraten.

Zwiebeln und Knoblauch dazugeben. Chilis mit Nelken, Muskatnuss, Salz und Pfeffer dazugeben.

Tamarindensaft mit Samen angießen und bei mittlerer Hitze abgedeckt etwa 1 1/2 Stunden köcheln lassen. Anschließend mit braunem Zucker abschmecken.

Für 4 Portionen
1 Tl Tamarindensamen
1,2 kg Lammfleisch
3 Zwiebeln
3 Knoblauchzehen
3 El Öl
4 entkernte und gehackte Chilis
3 Gewürznelken
1 Prise frisch geriebene Muskatnuss
2 Tl Salz
1 Tl Pfeffer
2 El brauner Zucker

Zubereitungszeit 20 Minuten
(plus Einweich- und Garzeit)
Pro Portion ca. 518 kcal/2174 kJ
87 g E · 16 g F · 6 g KH

Die Verwendung von **Tamarinden** zur Säuerung ist in der asiatischen Küche so alltäglich wie bei uns der Gebrauch von Zitronensaft. Auch wenn junge Blätter und die bis zu 20 cm langen Hülsen als Gemüse gegessen werden können, sind in erster Linie das Fruchtfleisch und die in sie eingebetteten Kerne gefragt. Das Fruchtfleisch wird, wenn es nicht frisch verzehrt wird, in Ballen gepresst und als so genannter Tamarindenkuchen als Rohstoff verkauft – zur Herstellung von Getränken, Marmeladen, Saucen und Chutneys. Auch die Samen dienen als Säuerungsmittel, meist in gerösteter und pulverisierter Form. Frische Tamarinden sind in Deutschland nur sehr schwer erhältlich, während Tamarindenkonzentrat, -mus und -samen in Asia-Shops zu haben sind.

Der **Springbock** ist nicht nur das Wappentier der Republik Südafrika und der Name des erfolgreichsten Rugby-Teams, er ist dort auch einer der bevorzugten Fleischlieferanten. Im 19. Jahrhundert waren die Springböcke daher am Kap gänzlich ausgestorben, bis man sie im 20. Jahrhundert wieder aus den Nachbarstaaten ansiedeln konnte. Springböcke ähneln stark den Gazellen. Sie werden zwar nicht gezüchtet, aber auf Farmen gehalten. Das Fleisch dieser Savannenbewohner ist dunkelrot, fein gemasert und hat einen starken Wildgeschmack, da die Tiere sich ausschließlich von Gras und Kräutern ernähren.

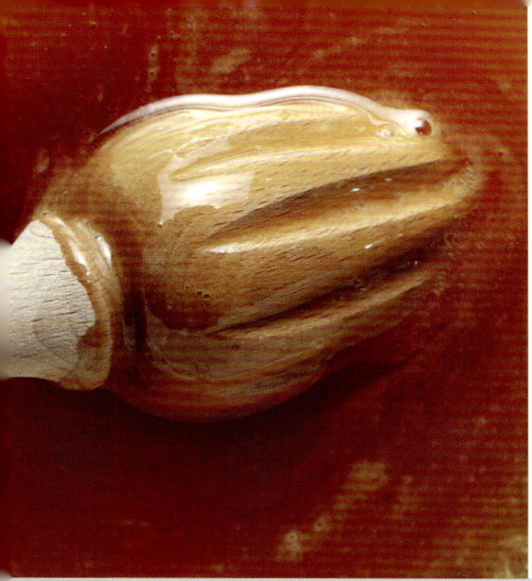

- Für 4 Portionen
- 750 g Springbock oder Rehlende
- Salz
- Pfeffer
- frisch geriebene Muskatnuss
- 500 ml trockener Rotwein
- 40 ml Cream-Sherry, Medium
- 1–2 El Dijon-Senf
- 2 El Olivenöl
- 1 Zwiebel
- 75 g Butter
- 2 El brauner Zucker
- 150 ml Fleischbrühe
- abgeriebene Schale und Saft von 1 unbehandelten Zitrone
- 75 g Honig

Zubereitungszeit 20 Minuten
(plus Marinier- und Bratzeit)
Pro Portion ca. 438 kcal/1838 kJ
55 g E · 14 g F · 17 g KH

Springbock mit Honig-Zitronen-Sauce

Springbock mit Honig-Zitronen-Sauce

Fleisch mit Salz, Pfeffer und Muskat einreiben. Wein mit Sherry und Senf verrühren, Fleisch darin 3–4 Stunden marinieren.

Backofen auf 220 °C vorheizen. Fleisch aus der Marinade nehmen, abtropfen lassen und in heißem Öl anbraten.

Anschließend im vorgeheizten Backofen bei 220 °C etwa 10 Minuten weiterbraten.

Zwiebel schälen und fein hacken. Die Hälfte der Butter in einer Pfanne aufschäumen und die Zwiebel darin glasig dünsten. Zucker dazugeben und alles 5 Minuten einreduzieren.

Fleischbrühe angießen, Zitronenschale und -saft unterrühren und 10 Minuten weiter köcheln. Honig und restliche Butter unter die Sauce schlagen, aber nicht kochen lassen.

Fleisch herausnehmen und 10 Minuten ruhen lassen. Bratensaft unter die Sauce rühren.

Das Fleisch in dünne Scheiben schneiden und mit der Sauce anrichten.

Rindfleisch m

Rindfleisch mit Cranberries und Äpfeln

Das Rindfleisch in ca 1,5 cm große Würfel schneiden. Die Zwiebeln schälen und fein hacken. Die Äpfel schälen und in Spalten schneiden.

Etwas Öl in einer Pfanne erhitzen. Das Fleisch darin rundherum leicht anbraten. Die Apfelspalten dazugeben und 1 Minute mitdünsten. Fleisch und Äpfel herausnehmen und die Butter in das Bratfett geben. Die Zwiebeln darin glasig dünsten. Die Cranberry-Sauce unterühren, den Apfelsaft angießen und leicht dicklich einreduzieren lassen.

Den Wildfond oder die Brühe und die gewaschenen und abgetropften Rosmarinzweige hinzugeben. Die Sahne angießen und die Flüssigkeit wieder einköcheln lassen, bis die Sauce dickflüssig ist.

Sauce mit Pfeffer und Salz abschmecken. Das Fleisch und die Apfelspalten hineingeben. Alles noch einmal aufkochen lassen und sofort servieren.

In Südafrika wird dieses Gericht mit Antilopenfilet zubereitet.

ranberries und Äpfeln

Für 4 Portionen

1 kg Rindfleisch
3 Zwiebeln
2 Äpfel
2 El Öl
2 El Butter
175 g Cranberry-Sauce (FP)
150 ml Apfelsaft
200 ml Wildfond oder Gemüsebrühe
2 Zweige Rosmarin
400 ml Sahne
Pfeffer, Salz

Zubereitungszeit 30 Minuten (plus Bratzeit)
Pro Portion ca. 730 kcal/3066 kJ
33 g E · 46 g F · 46 g KH

Weinempfehlung

2003 Kumala Reserve Merlot
Western Cape, Wine of South Africa

Dem süß-herzhaften Schmorgericht setzt man am besten einen saftigen, fruchtvoluminösen Merlot vor. Vielfältiges Bukett mit konzentrierten, dunklen Kirsch- und Pflaumenaromen und kräftigen, würzig-vegetalen Noten. Die Fruchtsüße, der im Wein integrierte Alkohol und die runden, samtigen Tannine führen im Mund den reichhaltigen Eindruck der Nase fort. Merlot – eine klassische französische Sorte – wird wie Cabernet und Chardonnay in Südafrika angebaut, jedoch in geringen Mengen.

Perlhuhn auf Spitzkohl

Für 4 Portionen
2 Perlhühner (je ca. 1 kg), Salz
6 Scheiben Weißbrot
250 ml Milch
4 kleine Zwiebeln
40 g Butter
50 g Rosinen, Pfeffer
4 El Öl
800 g Spitzkohl
400 ml Geflügelbrühe
Saft von 1 Zitrone

Zubereitungszeit 30 Minuten (plus Garzeit)
Pro Portion ca. 708 kcal/2972 kJ
60 g E · 33 g F · 41 g KH

Perlhuhn auf Spitzkohl
Die Hühner waschen, trocknen und von innen und außen salzen. Das Weißbrot würfeln, mit der kochenden Milch übergießen und 5 Minuten quellen lassen.

Inzwischen die Zwiebeln schälen und fein würfeln. Die Butter in einer Pfanne erhitzen und die Zwiebeln darin glasig dünsten.

Die Pfanne vom Herd nehmen und die Ziebeln mit Rosinen und dem eingeweichten Brot vermischen. Mit Pfeffer und Salz kräftig würzen.

Die Perlhühner mit dieser Mischung füllen und mit Zahnstochern verschließen. Nacheinander im heißen Öl rundherum braun anbraten, herausnehmen und beiseite stellen.

Den Kohl putzen und waschen, anschließend vierteln und in Streifen schneiden. In dem Bratfett andünsten, salzen und pfeffern.

Die Brühe und den Zitronensaft dazugießen. Die Perlhühner darauf legen und zugedeckt bei mittlerer Hitze etwa 1 Stunde schmoren lassen.

Perlhühner erhielten ihren Namen wegen der weißen Tupfen auf ihrem schwarzen Gefieder, die an Perlen erinnern. Obwohl Perlhühner bereits seit Jahrhunderten gezüchtet werden, gelten sie wegen ihres rötlichen, an Fasan erinnernden Wildgeschmacks als Wildgeflügel. Der Fettgehalt des Fleisches liegt nur bei 1,1 bis 2,7 Prozent, weshalb Perlhühner das Hausgeflügel mit dem geringsten Fettanteil überhaupt sind. Darüber hinaus ist der Cholesteringehalt des Fleisches sehr niedrig, der Anteil an Eiweiß, Mineralien, Eisen und Vitaminen aber vergleichsweise hoch.

Hühnchen in Mango-Mais-Sauce

Hühnchen in Mango-Mais-Sauce

Hühnchen waschen, trocknen und in Portionsstücke zerlegen. Saft von 3 Zitronen mit Joghurt, Curry und Geflügelbrühe verrühren. Fleisch damit einreiben und zugedeckt mindestens 3 Stunden marinieren.

Backofen auf 200 °C vorheizen. Das Hühnchen im vorgeheizten Backofen und bei eingeschaltetem Grill etwa 30–40 Minuten gar braten.

Mais in einem Sieb abtropfen lassen. Mango schälen, Fruchtfleisch vom Stein schneiden und klein würfeln.

Mayonnaise mit Sahne und restlichem Zitronensaft verrühren. Mango und Mais darunter mischen.

Petersilie waschen, trockenschütteln und klein gehackt darunter rühren. Das Hühnchen mit der Mango-Mais-Sauce servieren.

Für 4 Portionen
1 Brathühnchen
Saft von 3 ½ Zitronen
150 ml Natur-Joghurt
1 El Currypulver
1 Tl gekörnte Geflügelbrühe
1 kleine Dose Mais
1 große reife Mango
175 ml Mayonnaise
100 ml Sahne
8 Stiele glatte Petersilie

Zubereitungszeit 20 Minuten
(plus Marinier- und Bratzeit)
Pro Portion ca. 575 kcal/2415 kJ
12 g E · 50 g F · 21 g KH

MIT MAISKÖRNERN

MIT CHILI UND PAPRIKA

MIT MANGO, MAIS UND MÖHREN

MIT ÄPFELN, ZWIEBELN UND KARTOFFELN

MIT PAPRIKA, PILZEN UND CHILI

MIT ZUCCHINI, AUBERGINEN UND MAIS

Kap-malaiisches Huhn

Für 4 Portionen
3–4 El Sonnenblumenöl
je ½ Tl Kardamom-, Fenchel- und Dillsamen
2 Stücke Cassia oder Zimt
1 Tl Kreuzkümmel
3 Sternanis, 4 Knoblauchzehen
1 Stück frischer Ingwer, ca. 3 cm
4 Tomaten, 1 rote Chili
2 kg Hühnchenbrustfilet*
je 1 Tl gemahlener Kreuzkümmel und Koriander
je 1 El Garam Masala und mildes Currypulver, 1 Tl Kurkuma
je 300 g gegarte Kartoffel- und Möhrenwürfel*
200 g in Scheiben geschnittene Zucchini*

Zubereitungszeit 15 Minuten (plus Garzeit)
Pro Portion ca. 388 kcal/1628 kJ
63 g E · 6 g F · 18 g KH

Kap-malaiisches Huhn
Das Öl in einem Bräter erhitzen. Kardamom-, Fenchel- und Dillsamen, Cassia oder Zimt, Kreuzkümmel und Sternanis dazugeben und darin anschwitzen, ohne dass diese braun werden.

Den Knoblauch und den Ingwer schälen, fein hacken und dazu geben. 2 Tomaten und die Chili putzen und waschen. Chili entkernen, 2 Tomaten und Chili grob zerkleinern und ebenfalls in den Bräter geben.

Alles aufkochen und die Hühnchenbrustfilets dazugeben. Mit gemahlenem Kreuzkümmel, Koriander, Garam Masala, Curry und Kurkuma bestreuen.

Das Fleisch zugedeckt etwa 25 Minuten darin garen lassen und zwischendurch wenden.

Das zerkleinerte Gemüse unter das gegarte Fleisch mischen und darin erhitzen.

Die restlichen Tomaten kreuzweise einritzen, Stielansätze entfernen, mit kochendem Wasser überbrühen, häuten und klein gewürfelt darüber streuen.

* Die mit einem Sternchen versehenen Zutaten können ausgetauscht werden. Gewürze und Kräuter je nach Belieben.

Weinempfehlung
2003 Pinotage
Sensory
Stellar Winery
Western Cape

Südafrika holt als junge Weinregion in vielen Bereichen auf, zum Beispiel als Anbaugebiet für Weine aus ökologischer Pflege und Bearbeitung. Jedoch nicht die Anbaumethode, sondern die geschmacklichen Eigenschaften dieses konzentrierten und gleichzeitig mittelkräftigen Pinotages machen ihn zum idealen Begleiter des Steaks. Seine ausgewogene Fruchtigkeit – ohne so wuchtig und dicht zu wirken wie ein Merlot oder Shiraz – ist ideal für mittelkräftige Gerichte mit feineren Geschmacksnuancen. Im Bukett saftige rote Kirschen, im Mund sehr dezentes, integriertes Holz, weich und rund mit verhaltener, aber anregender Säure.

Straußensteak mit Bohnenpüree

Straußensteak mit Bohnenpüree
Backofen auf 180 °C vorheizen. Bohnen abspülen und abtropfen lassen. Kümmel in einer Pfanne ohne Fett rösten und anschließend zu den Bohnen geben. Koriander waschen, trockenschütteln und dazugeben. Knoblauch schälen und ebenfalls dazugeben.

Für 4 Portionen
2 große Dosen weiße Bohnen
1/2 El Kreuzkümmel
1/2 Bund frischer Koriander
6 Knoblauchzehen
3–4 El Olivenöl
Saft von 1 Zitrone
Pfeffer
Salz
4 Straußenfilets, ca. 600 g
Öl zum Braten

Zubereitungszeit 20 Minuten (plus Garzeit)
Pro Portion ca. 350 kcal/1470 kJ
50 g E · 10 g F · 14 g KH

Alles mit 2 El Öl und Zitronensaft pürieren. Wenn das Püree zu dick ist, noch etwas Öl dazufügen. Mit Pfeffer und Salz würzen.

Restliches Öl stark erhitzen und die Straußenfilets darin kräftig anbraten.

Im vorgeheizten Backofen bei 180 °C etwa 10 Minuten ziehen lassen. Anschließend salzen, pfeffern und mit dem Püree anrichten.

Bohnen zählen zu den Hülsenfrüchten. Der Name bezeichnet sowohl die Hülsen samt der eingeschlossenen Samen als auch die Samen allein. Der hohe Anteil an Stärke, Proteinen, Vitaminen und die große Menge an Mineralstoffen wie Eisen, Calcium, Kalium und Magnesium macht sie zu idealen Energielieferanten. Hülsen und Samen dürfen nur im gekochten Zustand gegessen werden, da rohe Bohnen das giftige Eiweiß Phasin enthalten, das beim Kochen zerfällt. Im Einweichwasser von Bohnen befinden sich aber noch Spuren des Eiweißstoffes, weshalb es nicht mehr verwendet werden sollte.

Obwohl es durch Name und Duft nahe liegend scheint, ist der echte **Sternanis** nicht mit dem Doldengewächs Anis verwandt. Sternanis galt schon im alten China als Gewürz- und Heilpflanze und ist ein wesentlicher Bestandteil der chinesischen Küche. Sieben bis acht Zacken, die jeweils einen Samen enthalten, bilden den Stern des Gewürzes. Pulverisiert wird Sternanis in Europa vor allem in der Weihnachtsbäckerei verwendet, in den außereuropäischen Küchen werden aber auch herzhafte Gerichte damit aromatisiert.

- Für 4 Portionen
- 1 großes Brathühnchen (ca. 2 kg)
- Salz
- Pfeffer
- 3 Zwiebeln
- 3 Knoblauchzehen
- 4–5 El Öl
- 200 g Langkornreis
- je 1 Tl Pfefferkörner, Koriander und Kreuzkümmel
- je 1 El Kurkuma und Kardamom
- 1 Stück frischer Ingwer, ca. 2 cm
- 3 Anissterne
- 1 Zimtstange
- 1–2 getrocknete Chilis
- 500 ml Geflügelbrühe
- 150 g Kartoffeln
- 2 Fleischtomaten
- 300 g Natur-Joghurt
- Saft von 1 Zitrone

Zubereitungszeit 30 Minuten (plus Garzeit)
Pro Portion ca. 525 kcal/2205 kJ
37 g E · 18 g F · 51 g KH

Breyani-Hühnchen

Breyani-Hühnchen

Backofen auf 180 °C vorheizen. Hühnchen in 10 Portionsteile zerlegen und mit Salz und Pfeffer einreiben.

Zwiebeln und Knoblauch schälen und klein hacken. In einem Bräter 2–3 El Öl erhitzen, Reis mit Zwiebeln und Knoblauch darin glasig dünsten.

Gewürze dazugeben, die Brühe angießen und 5 Minuten köcheln lassen. Kartoffeln schälen, waschen und klein würfeln. Kartoffeln zu der Gewürzmischung geben und 5 Minuten weiter köcheln lassen.

Restliches Öl in einer Pfanne erhitzen, Fleisch darin kurz anbraten und zur Reismischung dazugeben.

Alles im vorgeheizten Backofen bei 180 °C etwa 10 bis 15 Minuten schmoren. Nicht umrühren, wenn notwendig etwas Brühe dazugießen.

Tomaten kreuzweise einritzen, Stielansätze entfernen und mit kochendem Wasser überbrühen. Anschließend häuten und klein gewürfelt zum Hühnchen geben.

Alles 10 Minuten weiter köcheln. Joghurt und Zitronensaft unterheben, 5 Minuten ziehen lassen. Nicht mehr kochen lassen.

Schotsche Kloof
MOSLEM BUTCHERY
Quality Meat

Leopard's Leap
2003
PINOTAGE SHIRAZ

Bohnen-Lamm-Topf

Das Fleisch in mundgerechte Würfel schneiden, anschließend pfeffern und salzen. Die Bohnen putzen, in Stücke schneiden, in Wasser legen und beiseite stellen.

Die Zwiebeln, den Knoblauch und den Ingwer schälen, alles klein hacken. In einem Bräter das Öl erhitzen, Fleisch, Ingwer, Zwiebeln, Knoblauch darin anbraten. Den Wein und die Brühe angießen. Alles zugedeckt 1 Stunde leicht köcheln lassen.

Die Kartoffeln schälen, waschen und in dünne Scheiben schneiden. Die Chilis putzen, waschen und halbieren, den Stielansatz und die Kerne entfernen und klein würfeln. Mit Kartoffeln, abgetropften Bohnen und dem Zucker zum Fleisch dazugeben. Zugedeckt etwa 30 Minuten weich kochen.

Die Äpfel schälen, entkernen und in kleine Würfel schneiden. 10 Minuten vor Ende der Garzeit dazugeben. Mit Muskat würzen.

In Südafrika wird dieses Gericht mit Waterblommetjie zubereitet.

Bohnen-Lamm-Topf

Für 4 Portionen
1,2 kg Lammfleisch
Pfeffer, Salz
1 kg grüne Bohnen*
3 Zwiebeln
2 Knoblauchzehen
1 Stück Ingwerwurzel, ca. 6 cm
2 El Öl
125 ml trockener Weißwein
350 ml Gemüsebrühe*
5 große Kartoffeln*
2 grüne Chilis
1 El brauner Zucker
2 saure Äpfel*
Muskatnuss

Zubereitungszeit 20 Minuten (plus Garzeit)
Pro Portion ca. 425 kcal/1785 kJ
52 g E · 7 g F · 34 g KH

Weinempfehlung
2004 Leopard's Leap
(Pinotage, Shiraz)
Wine of Western Cape

Die Kunst des Blending wird in dieser Cuvée aus 50% Pinotage und 50% Shiraz perfekt vorgeführt. Der Wein reflektiert die charakteristischen Eigenschaften beider Rebsorten: fruchtige, Gaumen füllende Pflaume und Maulbeere auf der einen Seite und Aromen von Cassis, Zedern und Zimt auf der anderen Seite. Ein gut strukturierter Wein mit umhüllender Fruchtsüße und weichen, nicht sehr kräftigen Tanninen. Ausgewogen wie die „Bohnen-Lamm-Cuvée".

Karoo-Lammrücken mit knuspriger Haube

Für 4 Portionen
350 g Paniermehl
4 Zweige Thymian
4 Zweige Rosmarin
2 El fein geriebener würziger Käse
2 El Butter
2–3 El Olivenöl
4 Lammrückensteaks
Pfeffer
Salz
175 g Perlzwiebeln
175 ml Balsamico-Essig
5 El brauner Zucker

Zubereitungszeit 30 Minuten (plus Garzeit)
Pro Portion ca. 680 kcal/2856 kJ
54 g E · 15 g F · 82 g KH

Karoo-Lammrücken mit knuspriger Haube
Backofen auf 220 °C vorheizen. Das Paniermehl in eine Schüssel geben. Die Kräuter waschen, trockenschütteln, anschließend die Blättchen von den Stielen zupfen, klein hacken und darunter mischen. Den Käse und die weiche Butter darunter rühren.

Etwas Öl erhitzen, das Lammfleisch darin kurz anbraten und mit Pfeffer und Salz würzen.

Die Kräutermasse auf den Lammrückensteaks verteilen und etwas andrücken. Im vorgeheizten Backofen bei eingeschaltetem Grill etwa 10 Minuten überbacken.

Inzwischen die geschälten Perlzwiebeln in etwas Öl goldbraun anbraten, herausnehmen und beiseite stellen.

Balsamico in das Bratfett gießen und um die Hälfte einköcheln lassen. Zucker unter Rühren darin auflösen. Zwiebeln wieder hineingeben und etwa 3–5 Minuten kochen, bis die Sauce dickflüssig ist. Das Fleisch mit den Zwiebeln anrichten.

Fast ein Drittel der Fläche Zentral-Südafrikas nimmt die **Karoo** ein, eine halbwüstenartige Hochebene. Trotz ihrer Kargheit beheimatet die Ebene eine der Delikatessen des Landes: das **Karoo-Lamm**. Das zarte Fleisch ist besonders aromatisch, weil die Herden sich ausschließlich von der typischen Savannenvegetation mit ihren Wildblumen und -kräutern ernähren. Zubereitet wird das Lamm traditionell mit mediterranen Kräutern wie Rosmarin und Thymian. Die südafrikanische Spezialität in Deutschland zu erhalten ist sehr schwierig. Sie können sie jedoch durch herkömmliches Lammfleisch ersetzten.

Rindfleisch mit grünen Bananen und Kokos

Rindfleisch mit grünen Bananen und Kokos

Roastbeef in dünne Streifen schneiden, mit 50 ml Wein und Curry vermischen. Zugedeckt 1 Stunde marinieren.

Paprika putzen, waschen und halbieren, Stielansatz und Kerne entfernen und die Schoten fein würfeln. Blumenkohl putzen, waschen und in kleine Röschen teilen. Zwiebeln schälen und in Ringe schneiden. Bananen schälen, in Scheiben schneiden und in Butter andünsten.

Fleisch aus der Marinade nehmen, Marinade dabei auffangen. Die abgetropften Fleischstreifen in heißem Öl portionsweise anbraten, salzen und pfeffern. Paprikawürfel, Zwiebelringe und Blumenkohlröschen ebenfalls dazugeben und mit andünsten.

Restlichen Wein, Marinade und Kokoscreme angießen. Alles 10–15 Minuten zugedeckt schmoren. Mit Salz und Cayennepfeffer abschmecken.

Für 4 Portionen
1 kg Roastbeef
250 ml trockener Weißwein
1 El scharfes Currypulver
2 rote Paprikaschoten
1 kleiner Blumenkohl
5 Zwiebeln
3 Kochbananen
1 El Butter
5–6 El Öl
Salz
etwas Cayennepfeffer
1 kleine Dose Kokoscreme

Zubereitungszeit 20 Minuten
(plus Marinier- und Garzeit)
Pro Portion ca. 423 kcal/1775 kJ
59 g E · 15 g F · 9 g KH

MIT NEKTARINEN-SENF-SAUCE

MIT WEINTRAUBEN UND SENFSAUCE

MIT WEINTRAUBEN UND APRIKOSENSAUCE

MIT CHAMPIGNONS UND ZWIEBELN

MIT BANANEN-APRIKOSEN-SAUCE

MIT ROTWEINSAUCE UND WEINTRAUBEN

Straußenfilet mit Stachelbeersauce

Für 4 Portionen
2 kleine Zwiebeln
250 g frische Kap-Stachelbeeren*
3–4 El Olivenöl
250 ml trockener Weißwein
50 ml Balsamico-Essig
125 g Aprikosen-Chutney*
4 Straußenfilets, ca. 600 g*
Salz
frisch gemahlener Pfeffer

Zubereitungszeit 25 Minuten (plus Garzeit)
Pro Portion ca. 303 kcal/1270 kJ
44 g E · 8 g F · 8 g KH

Straußenfilet mit Stachelbeersauce
Den Backofen auf 180 °C vorheizen. Für die Sauce die Zwiebeln schälen und sehr fein hacken. Die frischen Kap-Stachelbeeren putzen, waschen und abtropfen lassen.

2 El Olivenöl in einem Topf erhitzen und die gehackten Zwiebeln darin unter Rühren glasig dünsten.

Die Kap-Stachelbeeren unterheben. Den Wein und den Essig angießen.

Das Chutney zur Sauce dazugeben, unterrühren und alles solange kochen, bis die Sauce dicklich wird.

Inzwischen etwas Olivenöl in einer weiten Pfanne bis zum Rauchpunkt erhitzen. Die Filets darin von beiden Seiten kräftig anbraten.

Im vorgeheizten Backofen bei 180 °C etwa 10 Minuten gar ziehen lassen. Anschließend mit Salz und Pfeffer würzen und mit der Sauce anrichten.

* Die mit einem Sternchen versehenen Zutaten können ausgetauscht werden. Gewürze und Kräuter je nach Belieben.

Braai – Grillen und mehr

Würstchen, Lammsteaks und Langusten – am besten schmecken sie gegrillt!

So verschieden die Essgewohnheiten, kulturellen Bräuche, gesellschaftlichen und sozialen Gegensätze in Südafrika sein mögen, in einem ist sich das ganze Land einig: ich seiner Liebe zum Braai. Braai ist die Kurzform von Braaivleis, was so viel wie Grillen bedeutet.

Ganz gleich wo man am Sonntag unterwegs ist, der Duft von gegrilltem Fleisch steigt einem mit Sicherheit in die Nase. Die Südafrikaner grillen überall: auf Bürgersteigen, im Garten, im Cricket-Stadion oder im Hinterhof. Und sie grillen nie allein, sondern mit der ganzen Familie oder mit Freunden und Bekannten. Braai ist deshalb nicht nur die beliebteste Art der Zubereitung im Land, sondern immer auch ein gesellschaftliches Ereignis.

Braai – Grillen und mehr

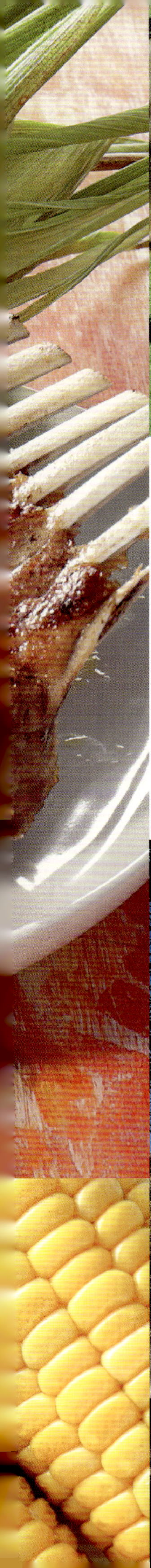

Beim Braai kommt es auf die Glut an

Das Grillen als schnelle Form der Zubereitung wie bei uns üblich, ist den Südafrikanern fremd. Bereits die Glut wird am Kap sorgfältig vorbereitet, denn sie wird nicht mit Holzkohle, sondern mit Holz bereitet, das so lange brennen muss, bis sich eine gleichmäßige Glut entwickelt hat. Es kann also Stunden dauern, bis das Fleisch auf den Grill kommt. Da sich das Grillen über einen langen Zeitraum ausdehnt, steht die Geselligkeit im Zentrum des Interesses. Während das Grillen in den Händen der Männer liegt und die Frauen sich mit der Zubereitung der Saucen und Beilagen beschäftigen, unterhält man sich bei einem kühlen Schluck, während Fisch, Fleisch, Würste und Spieße appetitlich vor sich hin brutzeln.

Braai – Grillen und mehr

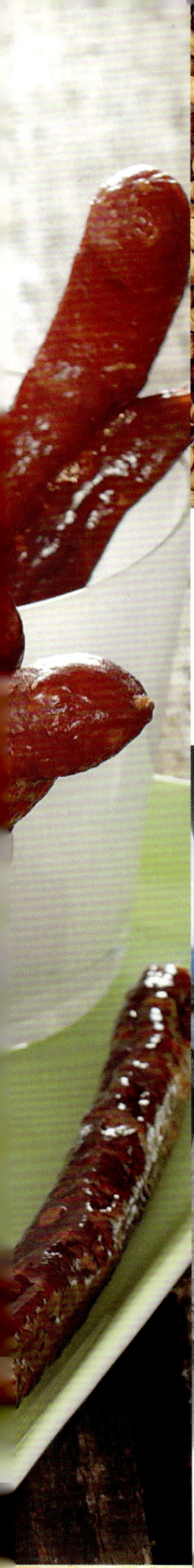

Fast jedes Haus in Südafrika verfügt über einen festen Grillplatz

Boerewors ist die typische Bauernbratwurst Südafrikas. Sie geht auf die ersten deutschen Siedler zurück, die ihre Kenntnisse der Wurstherstellung mit ins Land brachten. Ursprünglich wurde das Fleisch mit der Hand zerkleinert, denn Fleischwölfe gibt es erst seit dem 19. Jahrhundert. Auch heute wird Boerewors noch selbst gemacht.

Boerewors

Für 4 Portionen
- 500 g Rindfleisch
- 500 g Lamm- oder Schweinefleisch
- 200 g Speck
- 1 Knoblauchzehe
- 2 El Worcestersauce, 3 El Essig
- 1 Tl Koriandersamen
- ½ Tl Cayennepfeffer
- 1 El gehackter Thymian
- 1 Prise Muskat
- 1 Tl Pfeffer, 1 El Salz
- Wursthülle

Zubereitungszeit 25 Minuten
Pro Portion ca. 465 kcal/1953 kJ
70 g E · 20 g F · 2 g KH

Das Rindfleisch mit dem Lamm- oder Schweinefleisch und Speck durch den Fleischwolf drehen.

Die Knoblauchzehe schälen, klein hacken und mit den restlichen Zutaten dazugeben. Alles gut vermischen und kräftig abschmecken.

Die Masse in eine dünne Wursthülle füllen und fest zu Würsten drehen. Die Würste 8–10 Minuten auf dem Holzkohlegrill grillen.

MIT FRÜHLINGSZWIEBELN UND APRIKOSEN

MIT PORREE UND ÄPFELN

MIT SCHWEINEFLEISCH UND ANANAS

MIT GEFLÜGELBRUST, CHILIS UND MANGO

MIT RINDFLEISCH, PAPRIKA UND PILZEN

MIT HÜHNERBRUST UND PFIRSICH

Sosaties mit Aprikosen und Knoblauch

Für 4 Portionen
5 Zwiebeln
5 Knoblauchzehen*
6 El Aprikosenmarmelade
1 El brauner Zucker
2 El Currypulver
1 Tl Maisstärke
1 El Weinessig
800 g Lammfleisch*
150 g getrocknete Aprikosen*
Pfeffer, Salz
4 Schaschlikspieße

Zubereitungszeit 20 Minuten (plus Marinier- und Grillzeit)
Pro Portion ca. 475 kcal/1995 kJ
51 g E · 8 g F · 37 g KH

Sosaties mit Aprikosen und Knoblauch
Die Zwiebeln und den Knoblauch schälen, die Zwiebeln vierteln und den Knoblauch fein hacken. Zwiebeln und Knoblauch in einen Topf geben.

Aprikosenmarmelade, Zucker, Currypulver, Maisstärke und Essig dazugeben. Alles verrühren, 5 Minuten kochen lassen und beiseite stellen.

Das Fleisch in mundgerechte Würfel schneiden und in die noch lauwarme Marinade legen. Zugedeckt 12 Stunden im Kühlschrank ziehen lassen.

Die Aprikosen am nächsten Tag 30 Minuten in etwas warmem Wasser einweichen.

Anschließend im Wechsel mit dem marinierten Fleisch auf gewässerte Schaschlikspieße stecken. Salzen und pfeffern und auf dem heißen Holzkohlengrill rundherum etwa 10 Minuten grillen. Zwischendurch immer wieder mit der Marinade bestreichen.

* Die mit einem Sternchen versehenen Zutaten können ausgetauscht werden. Gewürze und Kräuter je nach Belieben.

Weinempfehlung
2002 Shiraz
Private Cellar
La Motte
Franschhoek Valley

Dunkel, ernst und erhaben ist dieser Shiraz. Die für die Rebsorte typischen Aromen von dunkler Schokolade finden sich in Nase und Mund wieder. Durch eine milde aber präsente Säure wirkt der Shiraz jugendlich: sie nimmt dem Wein die Schwere und bringt dafür die fruchtigen Komponenten heraus. Ein kraftvoller, aber nicht aufdringlicher Wein, dessen Würzigkeit mit den vegetalen Pfefferschoten und dem mittelkräftigen Straußenfleisch bestens harmoniert. Franschhoek ist ein noch kleines, nettes Örtchen, sehr traditionell und gemütlich, an drei Seiten von Bergen eingerahmt. Der kleine Ort wurde vor Jahrhunderten von Hngenotten gegründet. Übersezt bedeutet der Name dieses Ortes und Weinanbaugebietes „Französischer Winkel".

Straußen-Satey mit Erdnuss-Sauce

Straußen-Satey mit Erdnuss-Sauce
Straußenfleisch in mundgerechte Würfel schneiden. Pfefferschoten putzen, waschen und halbieren. Stielansatz und Kerne entfernen. Schoten im Wechsel mit den Fleischwürfeln auf gewässerte Schaschlikspieße stecken.

Mit Pfeffer und Salz würzen und auf einem Holzkohlengrill etwa 10–15 Minuten grillen.

Für die Sauce die Zwiebeln schälen und klein hacken. Im heißen Öl goldbraun braten.

Die Hitze reduzieren und die Erdnussbutter darunter rühren. Die Sahne angießen und mit Pfeffer und Salz würzen.

Die Brühe hinzugießen und alles langsam aufkochen lassen. Die Sauce zu den Spießen servieren.

Für 4 Portionen
600 g Straußenfleisch
2 große rote Pfefferschoten
2 große gelbe Pfefferschoten
Pfeffer
Salz
2 Zwiebeln
1 El Öl
250 g Erdnussbutter
200 ml Sahne
400 ml Hühnerbrühe
4 Schaschlikspieße

Zubereitungszeit 20 Minuten (plus Grillzeit)
Pro Portion ca. 763 kcal/3203 kJ
48 g E · 60 g F · 10 g KH

Wie die Cornflakes, die bekannten Flocken aus gewalztem Mais, ist auch die **Erdnussbutter** eine Erfindung des amerikanischen Arztes Dr. John Harvey Kellogg. Der strenge Vegetarier suchte für seine zahnlosen Patienten eine nährstoffreiche Speise und pürierte zu diesem Zweck Erdnüsse. Heute dient Erdnussbutter als Brotaufstrich und zur Verfeinerung deftiger und süßer Gerichte. Sie ist durch den hohen Anteil an Nüssen und die Zugabe von Pflanzenöl sehr fetthaltig, aber auch reich an Vitamin E und H. In Deutschland darf die Creme nicht Butter genannt werden, da Butter ein den Milchprodukten vorbehaltener Begriff ist.

In Südafrika gehört er zu den beliebtesten Speisefischen überhaupt: der **Kingklip** oder **afrikanische Aal**. Die schlangenartigen Fische können bis zu 1,80 Meter lang und 15 kg schwer werden und werden unterschieden in Roter, Goldener, Schwarzer und Südafrikanischer Kingklip. Letzterer ist etwas leichter und kleiner als die anderen Arten und lebt überwiegend im Südostatlantik. Das weiße, feste und grätenarme Fleisch des Kingklips wird auch in Deutschland wegen seines ausgeprägten Geschmacks und dem geringen Fettanteil immer häufiger gegessen. Nach wie vor ist es aber relativ schwierig, frische Filets oder ganze Fische zu bekommen. Wir empfehlen Ihnen deshalb ersatzweise Dorsch.

- Für 4 Portionen
- 8 Schalotten
- 8 kleine Champignons
- 40 g Butter
- 200 ml lieblicher Weißwein
- 75 ml Hühnerbrühe
- 125 ml Fischbrühe
- 200 ml Sahne
- 200 ml Zuckersirup (FP)
- 125 g grüne entkernte Weintrauben
- 1 El scharfes Currypulver
- 100 ml Olivenöl
- 4 Kingklip-Filets, à 250 g
- Salz, Pfeffer

Zubereitungszeit 25 Minuten (plus Grillzeit)
Pro Portion ca. 595 kcal/2499 kJ
32 g E · 37 g F · 30 g KH

Kingklip mit Schalotten-Weinsauce

Kingklip mit Schalotten-Weinsauce
Für die Sauce die Schalotten schälen und fein hacken. Die Pilze putzen, sauber bürsten und in dünne Scheiben schneiden.

Pilze und Schalotten in der heißen Butter langsam gar dünsten. Den Wein angießen und auf die Hälfte einkochen lassen.

Die Hühner- und die Fischbrühe hinzugießen und alles wieder auf die Hälfte reduzieren lassen. Die Sahne hineingießen und 5 Minuten einköcheln lassen.

Den Zuckersirup separat köcheln lassen, bis er eindickt. Die Trauben waschen, abtropfen lassen und entkernen.

Anschließend mit dem Zuckersirup vermischen und 1 Minute mitkochen lassen, beiseite stellen.

Das Currypulver mit dem Olivenöl zu einer dünnflüssigen Paste rühren. Den Fisch damit bestreichen, salzen und pfeffern und auf dem heißen Grill etwa 4 Minuten garen. Mit Sauce und Weintrauben servieren.

Dickies

PARADYSKLOOF
PARADYSKLOOF
PINOTAGE
2003

CHILLI SAUCE

Südafrikanischer Grillteller

Das Filet parieren und die Boerewors mehrmals einschneiden. Den Knoblauch schälen, in die Schnitte hineinreiben und beiseite stellen.

Die Pilze putzen, waschen und abtropfen lassen. Die Lamellen salzen und mit etwas Olivenöl beträufeln.

Die Kartoffeln schälen, waschen und der Länge nach einschneiden. Die Zwiebeln schälen und in 10 dicke Scheiben schneiden.

Je 1 Zwiebelscheibe in die Kartoffelöffnung geben, salzen und pfeffern und in geölte Alufolie einwickeln. Kartoffeln auf den heißen Grill legen und etwa 30 Minuten grillen, alle 5 Minuten wenden.

Die Champignons auf Spieße stecken und nach 20 Minuten senkrecht in die Kohle neben die Kartoffeln stecken.

Das Filet und die Boerewors oder Mettwurst auf den Grill legen und 8 Minuten grillen, dabei alle 2 Minuten wenden.

Südafrikanischer Grillteller

Für 4 Portionen
1 Rinderfilet (ca. 1,5 kg)
2–4 Knoblauchzehen
12 braune Champignons
Salz, etwas Olivenöl
10 Kartoffeln
3 Zwiebeln, Pfeffer
1 kg Boerewors oder luftgetrocknete Mettwurst
etwas Öl für die Alufolie
Alufolie
Schaschlikspieße

Zubereitungszeit 20 Minuten (plus Grillzeit)
Pro Portion ca. 838 kcal/3518 kJ
66 g E · 56 g F · 18 g KH

Weinempfehlung

2003 Pinotage
Paradyskloof
Wine of Origin Stellenbosch

Dem deftigen Nationalgericht vom Grill wird – im übertragenden Sinne – der „Hauswein“ aus der einheimischen Sorte Pinotage vorgesetzt. In diesem Fall darf „Hauswein“ aber keinesfalls mit „einfach“ gleichgesetzt werden. Der opulente Pinotage verlangt einen kräftigen Gegenpart. Reiches Bukett mit intensiven, ausgeprägten Ledernoten und Zigarrenkiste, sehr dunkle Beeren und eingekochte Pflaumen. Auch im Mund dominieren dunkle, rauchige Röstaromen durch die Lagerung im Barrique. Der Wein schmeckt elegant und vollmundig.

Bushman's
PERI-PERI
SAUCE

Gegrillte Peri-Peri Garnelen

Für 4 Portionen
800 g rohe Riesengarnelen mit Schale
1 Knoblauchzehe
2 El Öl
50 ml Peri-Peri-Öl
Salz
Pfeffer
½ Bund glatte Petersilie
Holzspieße

Zubereitungszeit 20 Minuten (ohne Marinierzeit, plus Grillzeit)
Pro Portion ca. 263 kcal/1103 kJ
41 g E · 10 g F · 2 g KH

Gegrillte Peri-Peri Garnelen
Die Garnelen aus der Schale brechen, dabei die Schwanzflosse nicht entfernen. Das Fleisch der Länge nach aufschneiden und den schwarzen Darm entfernen.

Für die Marinade den Knoblauch schälen, klein hacken und in eine Schüssel geben. Öl mit dem Peri-Peri-Öl dazugießen und alles verrühren. Salzen und pfeffern und die Garnelen darin etwa 15 Minuten ziehen lassen. Je länger die Garnelen in der Marinade bleiben, desto schärfer werden sie.

Die Petersilie waschen und trockenschütteln, die Blätter von den Stielen zupfen.

Auf jede der marinierten Garnelen etwas Petersilie legen. Garnelen anschließend mit Holzspießen zusammenstecken. Auf dem heißen Grill rundherum etwa 5 Minuten grillen.

Piri-Piri oder auch **Peri-Peri** ist keine ganz einheitliche Produktbezeichnung. Ursprünglich stammt sie aus Portugal und bezeichnete kleine, besonders scharfe Chilischoten. Portugiesische Seefahrer trugen den Begriff nach Südafrika, wo er seitdem einerseits eine beerenförmige, mildere und meist Bishops Crown genannte Chilischote benennt, andererseits aber auch die ganz scharfen, in Öl eingelegten oder mit Öl zu einer Sauce verarbeiteten Chilis. Letztere bekommt man bereits fertig im Supermarkt als Peri-Peri zu kaufen.

Straußenspieße mit Portweinsauce

Straußenspieße mit Portweinsauce

Das Fleisch in mundgerechte Würfel schneiden. Paprikas putzen, waschen und halbieren, Stielansätze und Kerne entfernen und die Schoten in Spalten schneiden. Fleisch im Wechsel mit Paprika und Aprikosen auf die Spieße stecken.

Olivenöl mit Zitronensaft, Pfeffer und Salz zu einer Marinade verrühren. Die Spieße darin mindesten 4 Stunden marinieren. Anschließend herausnehmen und etwa 8–10 Minuten über Holzkohle grillen.

Für die Sauce die Zitrone waschen und achteln. Mit Preiselbeeren, Rinderbrühe, Portwein, Essig und Butter in einem Topf 30 Minuten einreduzieren lassen, bis die Sauce leicht dicklich ist. Mit Pfeffer und Salz abschmecken.

Für 4 Portionen
1 kg Straußenfleisch
3 rote Paprika
250 g getrocknete Aprikosen
3 El Olivenöl
1 El Zitronensaft
Pfeffer
Salz
1 Zitrone
75 g Preiselbeeren a. d. Glas
500 ml Rinderbrühe
250 ml Portwein
1 El Essig
2 El Butter
8 Schaschlikspieße

Zubereitungszeit 20 Minuten
(plus Marinier-, Grill- und Garzeit)
Pro Portion ca. 713 kcal/2993 kJ
53 g E · 33 g F · 40 g KH

LANGUSTENSPIESSE MIT MANGO UND CHILI

LANGUSTENSPIESSE MIT CHAMPIGNONS UND DILL

LANGUSTENSPIESSE MIT ORANGEN

LANGUSTENSPIESSE MIT FRÜHLINGSZWIEBELN

LANGUSTENSPIESSE MIT PORREE UND SELLERIE

LANGUSTENSPIESSE MIT PEPERONI UND MANGO

Gegrillte Langusten

Für 4 Portionen
2 große Langusten
Salz
1 Zitrone
4 Knoblauchzehen*
1 Prise Chilipulver
1 Prise Rosenpaprika
3 El Olivenöl
1–2 Tl Balsamico-Essig*
Schaschlikspieße

Zubereitungszeit 20 Minuten (plus Grillzeit)
Pro Portion ca. 150 kcal/633 kJ
11 g E · 10 g F · 4 g KH

Gegrillte Langusten
Die Langusten mit den Scheren voran in kochendes Salzwasser gleiten lassen und etwa 15 Minuten kochen.

Herausnehmen und etwas abkühlen lassen. Die großen Scheren vom Körper abtrennen. Den Körper und den Schwanz erst der Länge nach, anschließend quer in vier Teile schneiden und die Weichteile entfernen.

Die Zitrone auspressen, die Langusten mit dem Zitronensaft beträufeln und salzen.

Die Knoblauchzehen schälen, fein hacken und in eine kleine Schüssel geben. Chili- und Rosenpaprikapulver dazugeben und alles mit dem Olivenöl und dem Essig vermischen.

Die Langustenstücke auf Spieße stecken und auf dem heißen Grill rundherum etwa 10 Minuten grillen. Langusten zwischendurch wenden und immer wieder mit der Ölmischung bestreichen.

* Die mit einem Sternchen versehenen Zutaten können ausgetauscht werden. Gewürze und Kräuter je nach Belieben.

Weinempfehlung
2003 Cabernet Sauvignon
Golden Kaan Winemakers Reserve
Stellenbosch

Die alte, klassische Regel, dass Weißweine nur zu Fisch und Rotweine nur zu dunklem Fleisch kombiniert werden können, ist lange überholt. Die Barracudafilets werden auf einem Holzkohlegrill gegart, nur mit Salz und Pfeffer gewürzt und haben deshalb deutliche, kräftige Röstaromen und leichte Verbrennungsspuren, was eine Kombination mit einem nicht zu kräftigen Rotwein durchaus möglich macht. Diese Reserve hat durch die Lagerung in getoasteten, französischen Eichenfässern ausgeprägte Holznoten mit Röstkomponenten. Zusammen mit den fruchtigen Johannisbeer- und den würzigen Paprikaaromen wird dieser Wein zu einem ausgewogenen Partner des Barracuda.

Barracuda vom Grill

Barracuda vom Grill
Den Fisch in Scheiben schneiden und auf einen Spieß stecken. Die Butter in einem Topf zerlassen, anschließend den Fisch damit von innen und außen bestreichen. Mit frisch gemahlenem Pfeffer und Salz würzen.

Die Zitrone auspressen und den Saft über den Fisch träufeln.

Den Fisch auf den heißen Grill legen und 5 Minuten grillen, anschließend umdrehen und auf der anderen Seite etwa 5–10 Minuten weiter grillen.

Für 4 Portionen
1 küchenfertiger Barracuda, ca. 1,5 kg
75 g Butter
Pfeffer
Salz
Saft von 1 Zitrone

Zubereitungszeit 15 Minuten (plus Grillzeit)
Pro Portion ca. 325 kcal/1365 kJ
43 g E · 17 g F · 1 g KH

Kaum ein Fisch eignet sich besser zum Grillen als der **Barracuda**. Das Fleisch des Raubfisches ist sehr fettreich und grobfaserig. Dadurch neigt es einerseits nicht zum Austrocknen, andererseits kann es Marinaden sehr gut aufnehmen. Auch das delikate, leicht nussige Aroma und das sehr hochwertige Eiweiß des Speisefisches lassen ihn in der allgemeinen Wertschätzung steigen. Einzig die vielen Gräten sind beim Essen ein bisschen hinderlich.

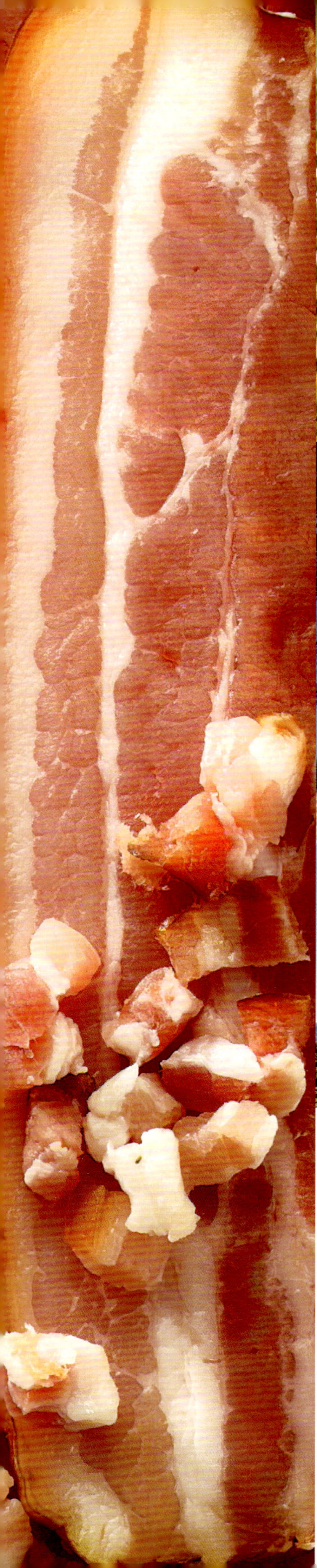

Kalium, Magnesium, Calcium und Vitamin C sind nur einige der Vitamine und Mineralien, die die **Ananas** im Überfluss liefert. Darüber hinaus enthält sie Enzyme, die blutdrucksenkend und entzündungshemmend wirken sollen. Die ursprünglich in den tropischen Regionen Amerikas beheimatete Frucht sollte roh grundsätzlich nur völlig ausgereift gegessen werden. Den vollen Reifegrad erkennt man dabei entweder am Duft oder daran, dass man die Blätter leicht von der Frucht abtrennen kann.

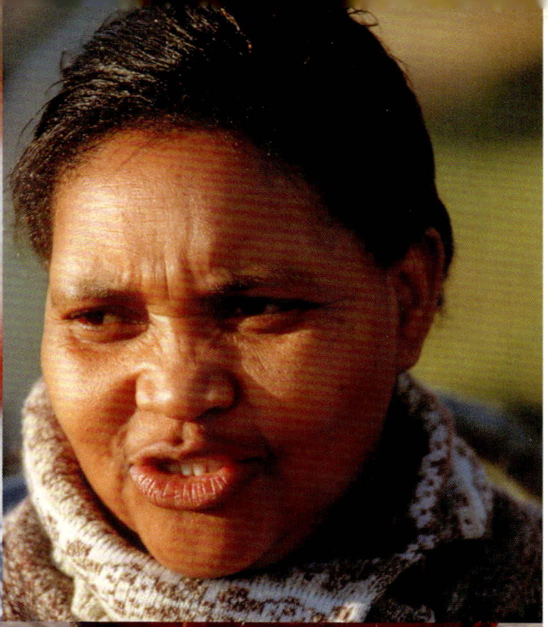

Für 4 Portionen
1 kleine Zwiebel
3–4 Knoblauchzehen
3 El Olivenöl
125 ml Rotwein
je 2 El frisch gehackter Thymian und Rosmarin
2 Wacholderbeeren
1 Stange Porree
800 g Wildschweinfilet in dicken Scheiben
1 kleine frische Ananas
je 1 Tl Öl, Pfeffer, Salz, Senf
4 Scheiben Bauchspeck

Zubereitungszeit 25Minuten
(plus Marinier- und Grillzeit)
Pro Portion ca. 305 kcal/1281 kJ
50 g E · 7 g F · 7 g KH

Medaillons vom Wildschwein

Medaillons vom Wildschwein
Die Zwiebel und den Knoblauch schälen und klein hacken. Mit Öl, Rotwein, Kräutern und Wacholderbeeren verrühren.

Den Porree putzen, waschen und in dünne Ringe schneiden. Mit der Marinade vermischen und das Fleisch darin 24 Stunden marinieren lassen.

Die Ananas schälen, den Strunk entfernen und das Fruchtfleisch in dicke Scheiben schneiden. Die Scheiben mit Öl bestreichen und in grob geschrotetem Pfeffer wenden.

Fleisch aus der Marinade herausnehmen, salzen und pfeffern. Die Medaillons mit dem Senf bestreichen und mit dem Speck umwickeln.

Auf dem heißen Grill etwa 6–10 Minuten grillen, zwischendurch wenden.

Die gepfefferten Ananasscheiben ebenfalls auf den Grill legen und von jeder Seite etwa 3 Minuten grillen.

In Südafrika wird dieses Gericht mit Warzenschwein-Filet zubereitet.

WARWICK
ESTATE
PROFESSOR BLACK
SAUVIGNON BLANC
2005

Fischfrikadellen

Für 4 Portionen
750 g gekochter Weißfisch
z. B. Dorsch oder Kabeljau
5 große Scheiben Weißbrot
1 Tomate
1 Zwiebel
1 Knoblauchzehe
3 Eier
2 El gehackter Dill
Salz, Pfeffer
Muskatnuss
etwas Öl

Zubereitungszeit 25 Minuten
(plus Grillzeit)
Pro Portion ca. 328 kcal/1376 kJ
42 g E · 8 g F · 21 g KH

Fischfrikadellen
Den gegarten Fisch mit einer Gabel in kleine Stücke zerpflücken und in eine Schüssel geben. Das Brot grob würfeln und in heißem Wasser einweichen. Anschließend ausdrücken.

Die Tomate kreuzweise einritzen, mit kochendem Wasser überbrühen, anschließend häuten, entkernen und klein würfeln. Die Zwiebel und den Knoblauch schälen und sehr fein hacken. Mit dem Brot und den Tomatenwürfeln zu dem Fisch geben.

Die Eier verquirlen und mit dem Dill dazugeben. Salzen, pfeffern und mit frisch geriebener Muskatnuss würzen. Alle Zutaten gut miteinander vermengen. Aus der Masse mit nassen Händen kleine flache Frikadellen formen. Frikadellen mit etwas Öl bestreichen und auf dem heißen Grill von beiden Seiten etwa 3 Minuten grillen.

Weinempfehlung
2005 Sauvignon Blanc
Professor Black
Warwick Estate
Stellenbosch

Frittierten Fischfrikadellen kann man bedenkenlos einen intensiven, fruchtig ausgeprägten Weißwein vorsetzten, der allerdings genügend Substanz und Tiefe besitzen muss, um dem geschmacksintensiven Gericht standzuhalten. Dieser Sauvignon bringt die typischen Aromen von reifen Stachelbeeren ins Spiel, wirkt intensiv, aber verhält sich im Mund schlank und erfrischend. Die Trauben für diesen Wein stammen übrigens aus dem Teil von Warwick Estate, wo der bekannte Professor Black der Universität Stellenbosch seine Bäume zu Forschungszwecken anpflanzte.

Fisch und Meeresfrüchte

Südafrika – ein Traum für Freunde von Fisch und Meeresfrüchten

Die besondere Lage Südafrikas an der Grenze zwischen Atlantischem und Indischem Ozean ist für den großen Fischreichtum der Region verantwortlich. Riesige Schwärme tummeln sich vor den Küsten: Heringe und Makrelen sind dort ebenso zu finden wie Seehechte und Sardinen. Der Atlantik entlang der Westküste ist eines der artenreichsten Gewässer der Welt. Dort, am Kap und in den großen Städten, wird gern und reichlich Fisch verzehrt, der sich häufig unter dem Begriff „line Fish" – was so viel wie Tagesfang bedeutet – auf der Karte findet. Besonders beliebt ist das feste, fettarme Fleisch des Kingklip. Zu den Delikatessen des Landes zählt der Snoek, der sich wegen seines fettreichen Fleisches besonders gut zum Grillen eignet.

Fisch und Meeresfrüchte

Austern, Crayfish, Abalone – Schalentiere und Meeresfrüchte stehen hoch im Kurs.

Ebenso wie beim Fisch ist auch bei den Meeresfrüchten die Auswahl mehr als reichlich. Zur Hummersaison kommt in den südafrikanischen Küstenorten beinahe nur Crayfisch auf den Tisch. Diese Langustenart gibt es in zwei Varianten: die eine kommt nur im warmen Indischen Ozean, die andere nur im kalten Atlantik vor. Beide Arten werden entweder mariniert und gegrillt oder mit Knoblauch, Pfeffer und Salz gewürzt und in Butter gebraten.

Frische Austern werden nach französischer Art fangfrisch, also roh verspeist. Miesmuscheln werden zu herrlichen Eintöpfen verarbeitet, Calamares mit sehr scharfem Peri-Peri zubereitet. Ganz oben auf der Speisekarte stehen auch Abalone. Diese Seeschnecken sind in Deutschland aber eher selten zu bekommen.

Fisch und Meeresfrüchte

Der delikate Geschmack von frischem Fisch und Muscheln wird durch möglichst einfache Zubereitungsarten unterstrichen.

Muscheln in Knoblauchsauce

Für 4 Portionen
2 kg küchenfertige Miesmuscheln
6 Knoblauchzehen
150 ml Öl
300 ml trockener Weißwein
200 ml Sahne
Saft von 1 Zitrone
100 g Butter

Zubereitungszeit 15 Minuten
Pro Portion ca. 538 kcal/2259 kJ
26 g E · 41 g F · 12 g KH

Bei den Muscheln den Bart entfernen. Geöffnete Muscheln entfernen. Den Knoblauch schälen und fein hacken.

Das Öl in einem großen Topf stark erhitzen und die Muscheln mit dem Knoblauch hineingeben. Den Wein, die Sahne und den Zitronensaft angießen und zugedeckt etwa 5 Minuten kochen lassen.

Den Topf zwischendurch kräftig schütteln. Muscheln, die sich nicht geöffnet haben, entfernen. Die Muscheln anrichten. Den Sud mit der Butter schaumig aufschlagen und dazu servieren.

FISCHTOPF MIT CHAMPIGNONS UND TOMATEN

FISCHTOPF MIT MUSCHELN, GARNELEN UND PORREE

FISCHTOPF MIT FENCHEL UND REIS

FISCHTOPF MIT MÖHREN UND KARTOFFELN

FISCHTOPF MIT ZUCCHINI, TOMATEN UND BACON

FISCHTOPF MIT PAPRIKA UND TOMATEN

Zandertopf

Für 4 Portionen
800 g Zanderfilet*
Salz, Pfeffer
etwas Mehl
300 g Kartoffeln*
300 g Perlzwiebeln*
80 g Butter
1 El Koriandersamen
2 El Öl
100 ml Weißwein-Essig
3 El Rosinen
300 g Kirschtomaten*

Zubereitungszeit 30 Minuten (plus Garzeit)
Pro Portion ca. 373 kcal/1565 kJ
42 g E · 10 g F · 26 g KH

Zandertopf
Den Fisch in mundgerechte Würfel schneiden, salzen und pfeffern und in etwas Mehl wenden.

Die Kartoffeln und Perlzwiebeln schälen, die Kartoffeln würfeln und beides nacheinander in Salzwasser 3 Minuten blanchieren.

Anschließend abgießen und abkühlen lassen. Etwa die Hälfte der Butter in einer Pfanne aufschäumen und den Fisch darin portionsweise goldbraun braten. Herausnehmen und warm stellen.

Den Koriandersamen unter Rühren in der Pfanne 1 Minute rösten und erkalten lassen. Vorsicht: Er verbrennt schnell.

Die Zwiebeln und die Kartoffeln in der restlichen Butter und dem Öl anbraten. Den Essig und den gerösteten Koriander dazugeben und alles zugedeckt köcheln lassen, bis das Gemüse gar ist. Die Rosinen mit den gewaschenen Tomaten dazugeben. Alles 2 Minuten köcheln lassen und die Fischfilets darin erwärmen.

In Südafrika wird dieses Gericht mit Lengfischfilet zubereitet.

* Die mit einem Sternchen versehenen Zutaten können ausgetauscht werden. Gewürze und Kräuter je nach Belieben.

Weinempfehlung
2004 Laborie Chardonnay
Wine of Origin Coastal Region

Kräftige Kräuter und geschmacksintensive Fisch- und Meeresfrüchtearten verlangen nach einem ausgewogenen, kräftigen Wein. Ideal ist deshalb ein im Barrique gereifter Chardonnay, der süßliche Holzaromen besitzt und die eher scharfen Gewürze wunderbar ausbalanciert. Reifes Lesegut, Gärung und entsprechende Lagerung in Eichenholzfässern geben dem eher fruchtneutralen Chardonnay Würze und Cremigkeit. Er zeigt fast klassische Züge eines burgundischen Chardonnays, ohne jedoch die für das französische Weinanbaugebiet typische Säure zu besitzen. Im Gegensatz zu vielen seiner burgundischen Pendants ist dieser Chardonnay deshalb bereits früh trinkreif und wunderbar ausbalanciert.

Fisch Potjie

Fisch Potjie
Muscheln entbarten und unter fließendem Wasser gründlich waschen. Die Garnelen schälen, entdarmen und waschen.

Für 4 Portionen
20 Miesmuscheln
8 Riesengarnelen
4 Haisteaks á 80 g
Saft von ½ Zitrone
1 Zwiebel
2 Knoblauchzehen
2 El Öl
1 El Tomatenmark
½ El frisch gehackter Oregano
1 Tl Pfefferkörner
1 entkernte und gehackte rote Chili
150 ml Weißwein
175 ml Fischfond

Zubereitungszeit 20 Minuten (plus Garzeit)
Pro Portion ca. 483 kcal/2027 kJ
71 g E · 15 g F · 10 g KH

Fisch mit Zitronensaft beträufeln. Zwiebel und Knoblauch schälen und fein hacken.

Zwiebel und Knoblauch in Öl glasig dünsten. Tomatenmark, Oregano und Pfeffer kurz mitdünsten.

Fisch, Chili, Muscheln und Garnelen dazugeben.

Wein und Fischfond angießen und etwa 25 Minuten garen lassen.

Da Haisteaks schwer erhältlich sind, empfehlen wir ersatzweise Seeteufelfilets.

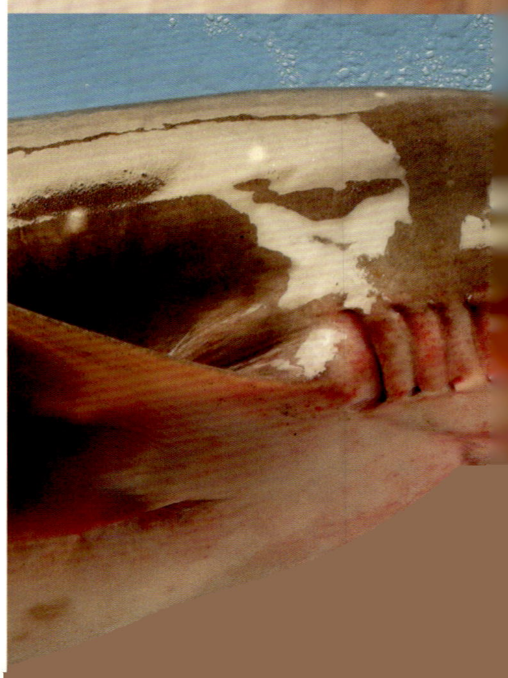

Rund 30 Familien und 460 Arten zählen zu den **Haien**, die wiederum zu der Klasse der Knorpelfische gehören. Der berüchtigtste Hai ist wohl der Weiße Hai, der allerdings eher selten auf unseren Speisetellern landet. Als kulinarische Delikatesse gelten dagegen Blauhai, Glatthai, Zitronenhai, Katzenhai, Heringshai und Dornhai. Letzterer steht auf der Liste der Speisehaie ganz oben. Seine Bauchlappen werden geräuchert als „Schillerlocken" und die grätenfreien Rückenstücke als „Seeaal" angeboten. Der Dornhai ist vom Aussterben bedroht und steht auf der Roten Liste gefährdeter Arten.

Kurkuma, auch Gelb-, Safranwurz oder Indischer Ingwer genannt, gehört zur Familie der Ingwergewächse und wird in der asiatischen Küche – und damit natürlich auch in der südafrikanischen – als Gewürz und Farbstoff verwendet. Auch in seinem Geschmack ähnelt Kurkuma ein wenig dem Ingwer, wenn die Knolle auch bitterer schmeckt. Lange Zeit galt Kurkuma als magisches Mittel, das böse Geister vertreiben soll. Noch heute malt man Neugeborenen in Indien einen gelben Kurkuma-Punkt auf die Stirn.

Fish vindaye

Für 4 Portionen

- 1 kg Hechtfilet
- 1/2 Tl Kurkuma
- Salz
- 1 Stück frische Ingwerwurzel, ca. 5 cm
- 5 Knoblauchzehen
- 1–2 getrocknete Chili
- 3 Tl Senf
- Saft von 1 Zitrone
- 3–4 El Öl
- 8 Zwiebeln
- 3 grüne Chilis

Zubereitungszeit 30 Minuten (plus Garzeit)
Pro Portion ca. 283 kcal/1187 kJ
50 g E · 7 g F · 6 g KH

Fish vindaye

Den Fisch in mundgerechte Würfel schneiden, anschließend mit Kurkuma und Salz einreiben.

Den Ingwer schälen und fein reiben. Den Knoblauch ebenfalls schälen und klein gehackt mit dem Ingwer vermischen.

Die getrocknete Chilischote zerreiben und mit dem Senf vermischen. Den Zitronensaft langsam unterrühren und alles mit etwas Wasser zu einer Paste verrühren.

Das Öl in einer Pfanne erhitzen und den Fisch darin auf beiden Seiten goldbraun braten. Herausnehmen und beiseite stellen.

Die Zwiebeln schälen, vierteln und im Bratfett leicht anbraten. Die Ingwerpaste dazugeben und damit vermischen. Alles etwa 1 Minute dünsten lassen.

Die Hitze reduzieren und den Fisch wieder zurück in die Pfanne geben.

Die grünen Chilis putzen, waschen und halbieren, anschließend den Stielansatz entfernen, entkernen und zum Fisch dazugeben. Chili etwa 3 Minuten mitgaren lassen und servieren.

In Südafrika wird dieses Gericht mit Snoekfilet zubereitet.

MR. CALAMARI
The SEA FOOD KING
HAKE FILLETS
CALAMARI GATSBY
LEE'S PLAICE
ITS NEW:
CALAMARI SCHWARMA
(On Pita Bread)
CALAMARI ROOTIE
POTATO CRISPS R5.00

NEDERBURG
MANOR HOUSE
COLLECTION
CABERNET SAUVIGNON
2003
SOUTH AFRICA
750ML

Pikante Tintenfischringe

Tomaten putzen, waschen, Stielansatz entfernen und das Fruchtfleisch klein schneiden. Zwiebeln und Knoblauch schälen und fein würfeln. Die Hälfte der Zwiebeln und des Knoblauchs in der Hälfte der heißen Butter-Ölmischung glasig dünsten.

Tomaten unterrühren und alles bei mittlerer Hitze 10 Minuten einköcheln. Basilikum waschen, trockenschütteln und die Blättchen in feine Streifen schneiden. Mit Tomatenmark, Pfeffer und Salz dazugeben und zugedeckt etwa 3 Minuten köcheln lassen.

Die Tintenfischringe in einer heißen Pfanne 5 Minuten braten, das ausgetretene Wasser abgießen und die Tintenfischringe beiseite stellen. Restliche Zwiebeln und Knoblauch kurz in der restlichen heißen Butter-Ölmischung anbraten, Tintenfischringe hinzufügen und kurz mitbraten.

Tomaten und Peri-Peri-Sauce hinzugeben und alles bei geringer Hitze zugedeckt 6 Minuten garen. Crème fraîche unterrühren und servieren.

Pikante Tintenfischringe

Für 4 Portionen
5 Tomaten, 3 Zwiebeln
2 Knoblauchzehen
2 El Butter, 2 El Öl
½ Bund Basilikum
3 El Tomatenmark
Pfeffer, Salz
800 g Tintenfischringe
2 El Peri-Peri-Sauce
150 ml Crème fraîche

Zubereitungszeit 25 Minuten (plus Garzeit)
Pro Portion ca. 368 kcal/1544 kJ
35 g E · 20 g F · 11 g KH

Weinempfehlung

2003 Cabernet Sauvignon
Manor House Collection
Nederburg
Western Cape

Fisch, Tomaten und Crème fraîche prägen das Gericht. Dieser Cabernet besitzt die notwendigen Aromen und den ausgewogenen Körper, um die säuerlich-süßen Noten der Tomate aufzufangen. Die intensiven Vanille- und Röstaromen aus dem Eichenholz-Ausbau vermitteln eine süßliche Note, die kraftvollen, dunklen Beerennoten einen konzentrierten, eher fruchtigen Eindruck. Der Wein zeigt eine eher robuste Struktur und die Gerbstoffe wirken sehr weich und rund, was perfekt für das Gericht ist.

Kokosforellen mit Knoblauch und Ingwer

Für 4 Portionen
4 große Forellen, Pfeffer, Salz
Saft von $1/2$ Zitrone, 2 Zwiebeln
2 Knoblauchzehen
1 Stück frische Ingwerwurzel, ca. 2 cm
1 getrocknete Chili
1 El Tomatenmark
500 g Kirschtomaten, 2 El Öl
300 ml Kokosmilch
Fett für die Form

Zubereitungszeit 20 Minuten (plus Garzeit)
Pro Portion ca. 215 kcal/900 kJ
32 g E · 6 g F · 8 g KH

Kokosforellen mit Knoblauch und Ingwer

Den Backofen auf 200 °C vorheizen.

Die Forellen von innen und außen pfeffern und salzen, anschließend mit Zitronensaft einreiben und in eine gefettete Auflaufform legen. Im vorgeheizten Backofen bei 200 °C etwa 15 Minuten garen lassen.

Die Zwiebeln, den Knoblauch und den Ingwer schälen und fein hacken. Mit der zerbröselten Chilischote und dem Tomatenmark vermischen. Die Tomaten waschen und darunter heben.

Das Öl in einer Pfanne erhitzen, das Zwiebelgemisch mit den Tomaten dazugeben und aufkochen.

Die Kokosmilch angießen und alles unter Rühren etwa 5 Minuten köcheln lassen.

Die Mischung anschließend gleichmäßig auf dem Fisch verteilen und im Backofen etwa 12 Minuten weiter garen lassen.

Kokosmilch ist – anders als landläufig angenommen – nicht die Flüssigkeit im Hohlraum der Kokosnuss. Die weiße, dickflüssige Milch wird hergestellt, indem man das Fruchtfleisch der Kokosnuss mit Wasser püriert und anschließend presst. Von asiatischen Currygerichten bis hin zur Piña Colada ist Kokosmilch vielfältig verwendbar. Die Milch ist, wie auch das Fruchtfleisch, reich an Mineralien wie Magnesium, Calcium und vor allem Kalium. Auch Kupfer, Zink und Eisen sind wesentliche Bestandteile.

Bay-Muscheln in Zwiebel-Knoblauch-Sauce

Bay-Muscheln in Zwiebel-Knoblauch-Sauce

Die Muscheln unter fließendem Wasser sauber bürsten. Geöffnete Exemplare wegwerfen. Die Zwiebeln und den Knoblauch schälen. Anschließend grob hacken.

Die Butter in einer Pfanne bei mittlerer Hitze aufschäumen und die Zwiebeln darin unter Rühren glasig dünsten. Den Knoblauch dazufügen und 2 Minuten mitgaren lassen.

Anschließend die Muscheln in die Pfanne geben, den Wein und die Sahne dazugießen und so lange kochen lassen, bis die Flüssigkeit auf die Hälfte reduziert ist.

Muscheln, die sich noch nicht geöffnet haben, entfernen.

Für 4 Portionen
1,5 kg Muscheln
2 Zwiebeln
4 Knoblauchzehen
1 El Butter
225 ml trockener Weißwein
250 ml Sahne
1/2 Bund Basilikum
Salz
Pfeffer

Zubereitungszeit 20 Minuten
(plus Garzeit)
Pro Portion ca. 433 kcal/1817 kJ
32 g E · 25 g F · 16 g KH

Das Basilikum waschen und trockenschütteln, die Blättchen von den Stielen zupfen und grob zerhacken. Zu den Muscheln dazugeben und damit vermischen, mit Salz und Pfeffer würzen und servieren.

KABELJAU MIT ANIS UND SELLERIE

SEEHECHT MIT FENCHEL UND MÖHREN

DORSCH MIT MÖHREN UND FRÜHLINGSZWIEBELN

HEILBUTT MIT CHAMPIGNONS UND ZUCCHINI

HEILBUTT MIT MÖHREN, BOHNEN UND PAPRIKA

KABELJAU MIT CHILI, ZITRONENGRAS UND ZUCCHINI

Pickled fish

Für 4 Portionen
4 Zwiebeln, 125 ml Öl
1 kg Heilbuttfilet*
125 g Zucker
1 Tl Cayennepfeffer
4 Tl Currypulver, 2 Tl Kurkuma
1 Tl gemahlener Koriander
3 Lorbeerblätter, Salz
1 Stück frischer Ingwer, ca. 3 cm
500 ml Essig
100 g Möhrenstreifen*
100 g Zucchinistreifen*

Zubereitungszeit 30 Minuten
(plus Zeit zum Ziehen und Garen)
Pro Portion ca. 400 kcal/1680 kJ
52 g E · 7 g F · 30 g KH

Pickled fish
Die Zwiebeln schälen, in Scheiben schneiden und in heißem Öl 4 Minuten braten. Aus der Pfanne nehmen und beiseite stellen.

Die Fischfilets in Stücke schneiden und im heißen Bratfett etwa 5 Minuten braten. Zwischendurch vorsichtig wenden. Herausnehmen und ebenfalls beiseite stellen.

Den Zucker mit dem Cayennepfeffer, Currypulver, Kurkuma, Koriander, Lorbeer und 1 Prise Salz in die Pfanne geben.

Den Ingwer schälen, fein reiben und dazugeben. Den Essig mit 250 ml Wasser angießen und die Gemüsestreifen unterheben.

Alles bei geringer Hitze etwa 25 Minuten köcheln lassen.

Den Fisch und die Zwiebeln zurück in die Pfanne geben und zugedeckt 10 Minuten weiter köcheln lassen.

Alles abkühlen lassen und 2–3 Tage im Kühlschrank durchziehen lassen.

* Die mit einem Sternchen versehenen Zutaten können ausgetauscht werden. Gewürze und Kräuter je nach Belieben.

Weinempfehlung
2005 Chenin Blanc
Simonsig
Wine of Origin Stellenbosch

Die Anbaufläche der ursprünglich an der Loire beheimateten Rebsorte ist in Südafrika dreimal größer als im französischen Heimatland. In der Neuen Welt zeigen sich die Weine durch das wärmere, weniger raue Klima fruchtiger, zugänglicher und von milderer Säure als im kühleren Europa. Während in Frankreich aus Chenin Blanc einer der feinsten, langlebigsten Süßweine produziert wird, keltern die Südafrikaner aus dieser Traube vor allem trockene Tafelweine. Immer öfter wird er aufgrund seiner charakteristischen Säure als Verschnittpartner bei der Sektherstellung eingesetzt. Dieser Vertreter besitzt fruchtsüße Aromen von getrockneten Pfirsichen, Aprikosen und etwas Blütenhonig. Er hat einen feinen Schmelz im Abgang und zeigt sich harmonisch und lang. Die leichte Süße ist ideal zum zitrus-säuerlich angehauchten Gericht.

Seezunge mit lemonbutter

Seezunge mit lemonbutter

Die Filets unter fließendem Wasser abspülen und trocknen. Mit Zitronensaft säuern, salzen und pfeffern. Knoblauch schälen, zerdrücken und den Fisch damit einreiben, mit Dill bestreuen. Zugedeckt 1 Stunde marinieren lassen.

Für 4 Portionen
1 kg Seezungenfilets
1 El Zitronensaft
Salz
Pfeffer
3 Knoblauchzehen
1 El fein gehackten Dill
Saft von 3 Limetten
200 g Butter
etwas Mehl
Öl zum Braten

Zubereitungszeit 20 Minuten
(plus Marinier- und Garzeit)
Pro Portion ca. 425 kcal/1785 kJ
44 g E · 27 g F · 2 g KH

Limettensaft leicht erhitzen. Butter in Stücke schneiden, bei geringer Hitze nach und nach zum Zitronensaft geben. Vorsicht: Wenn die Sauce zu heiß wird, gerinnt sie sehr schnell. Mit Salz und Pfeffer würzen.

Fisch mehlieren und in heißem Öl von jeder Seite etwa 4 Minuten anbraten.

Abtropfen lassen und die Filets mit Limettenbutter servieren.

Alle 500 **Zitrusfruchtarten** gehören der Familie der Rautengewächse an, dennoch unterscheiden sie sich in ihrem Geschmack wesentlich. Allein zwischen Limette und Zitrone bestehen große Unterschiede: Die Zitrone enthält mehr Vitamin C, die Limette dafür mehr Calcium und Kalium. Die Limette ist geschmacklich zwar ähnlich sauer, aber auch deutlich frischer als die Zitrone. In der asiatischen und südafrikanischen Küche finden vor allem Schale und Saft der Limette Verwendung.

Wer in südafrikanischen Restaurants **linefish** bestellt, wird einmal Kabeljau, ein andermal Makrele, Zander oder Seezunge bekommen. Linefish ist keine bestimmte Fischart, sondern bezeichnet immer den „Fang des Tages". Da die Gewässer um Südafrika sehr artenreich sind, wird sich jedes linefish-Gericht wahrscheinlich schon durch die verwendete Fischart vom vorherigen unterscheiden. Übrigens werden die am Kap ansässigen Portugiesen als die besten Fischköche Südafrikas angesehen.

Cioppino

Für 4 Portionen
2 Zwiebeln, 4 Knoblauchzehen
1 grüne Paprika
etwas Olivenöl zum Braten
40 g Tomatenmark
1 Bund frische Petersilie
1 kleine Dose geschälte Tomaten
300 ml trockener Weißwein
1 kg Kabeljaufilet
250 g Garnelen
2 Langusten
750 g Muscheln
1 Stiel Oregano, Salz

Zubereitungszeit 30 Minuten (plus Garzeit)
Pro Portion ca. 495 kcal/2079 kJ
87 g E · 8 g F · 14 g KH

Cioppino
Zwiebeln und Knoblauch schälen und fein hacken. Paprika putzen, waschen, halbieren, den Stielansatz und die Kerne entfernen und die Schote klein schneiden.

Etwas Öl in einem großen Topf erhitzen, Zwiebeln und Knoblauch darin unter Rühren anbraten. Tomatenmark dazugeben und mitdünsten lassen. Petersilie waschen, trockenschütteln, klein hacken und bis auf etwas zum Garnieren mitdünsten. Tomaten grob zerkleinern und mit dem Saft dazugeben. Weißwein dazugießen, alles kurz aufkochen und bei geringer Hitze köcheln lassen.

Inzwischen den Fisch in Stücke schneiden und die Garnelen entdarmen. Langusten in Stücke schneiden. Anschließend salzen und Fisch, Garnelen und Langusten in den Sud geben und etwa 20 Minuten ziehen lassen.

Muscheln putzen, sauber bürsten und geöffnete Exemplare entfernen. Geschlossene Muscheln mit dem gewaschenem Oregano dazugeben. Alles etwa 10 Minuten weiter köcheln lassen bis sich die Muscheln geöffnet haben. Muscheln, die sich dann noch nicht geöffnet haben, entfernen.

HOPE
WESTERN POINT
CONTINENT
18° 28' 26" EAST
34° 21' 25" SOUTH
CAPE OF
THE MOST

KWV
SINCE 1918
2005
CHARDONNAY
SOUTH AFRICA

Eingelegter Heilbutt

Die Kartoffeln, Möhren und den Sellerie schälen und in dünne Scheiben schneiden. Alles mit 1 Tl Salz, ½ Tl Pfeffer, 1 Prise Muskatnuss, Lorbeerblatt und Wacholderbeeren in einen Topf geben. Den Zitronensaft mit der Brühe und dem Wein dazugießen und das Gemüse bissfest garen lassen. Herausnehmen, abkühlen lassen und etwas nachwürzen. Gemüsesud beiseite stellen.

Die Gurke putzen, schälen und entkernen, anschließend in dünne Scheiben schneiden.

Die Heilbuttsteaks in einen Topf legen und die Gurkenscheiben darauf verteilen. Den abgekühlten Kartoffelsud darüber gießen. Den Fisch bei geringer Hitze etwa 15 Minuten langsam gar ziehen lassen.

Den Borretsch putzen, waschen und trockenschütteln, anschließend klein schneiden. Mit Crème fraîche zum Fisch geben. Alles im Kühlschrank gut durchziehen lassen.

Eingelegter Heilbutt

Für 4 Portionen
500 g mehlig kochende Kartoffeln
150 g geschälte Möhren
150 g Sellerie
Salz, Pfeffer, Muskat
1 Lorbeerblatt
3 Wacholderbeeren
2 El Zitronensaft
250 ml Gemüsebrühe
250 ml trockener Weißwein
1 Salatgurke
4 Heilbuttsteaks á ca. 200 g
etwas Borretsch zum Garnieren
100 g Crème fraîche

Zubereitungszeit 35 Minuten
(plus Zeit zum Ziehen und Garzeit)
Pro Portion ca. 395 kcal/1659 kJ
45 g E · 11 g F · 23 g KH

Weinempfehlung
2005 Chardonnay
KWV Paarl
Wine of Western Cape

Dieser zart duftende, schlanke Chardonnay ergänzt mit seinen frischen Zitrusnoten den eingelegten Heilbutt. Die Gärung und die dreimonatige Reifung in französischen Eichenfässern gibt dem Wein eine ganz feine Barrique-Note und eine zarte Cremigkeit. KWV ist die Kooperative Wijnbrowers Vereiniging van Zuid Afrika, seit 1997 die größte Exportgesellschaft, hervorgegangen aus einer staatlichen Kooperative, die 1918 gegründet und von der Regierung kontrolliert wurde.

Fisch-Plaki

Für 4 Portionen
2 kg küchenfertiger Lachs
Pfeffer, Salz
Saft von 1 Zitrone
2 Knoblauchzehen
2 Zwiebeln
1 Bund Petersilie
Öl zum Braten
1 Dose geschälte Tomaten
200 ml trockener Weißwein
1 unbehandelte Zitrone

Zubereitungszeit 20 Minuten (plus Garzeit)
Pro Portion ca. 403 kcal/1691 kJ
47 g E · 19 g F · 6 g KH

Fisch-Plaki

Den Fisch in 4 Portionen teilen und auf der Hautseite 2–3 mal schräg einschneiden, ohne ihn zu zerteilen. Fischstücke mit Pfeffer, Salz und Zitronensaft würzen.

Den Knoblauch und die Zwiebeln schälen und fein hacken. Die Petersilie waschen, trockenschütteln und klein hacken.

Etwas Öl in einer Pfanne erhitzen und den Fisch darin anbraten. Den Knoblauch, die Zwiebeln und die Petersilie dazugeben und mitbraten lassen.

Sobald die Zwiebeln glasig werden, die Hälfte der grob zerkleinerten Tomaten hinzufügen und bei geringer Hitze etwa 5 Minuten weiter braten.

Anschließend den Wein und die restlichen Tomaten dazugeben. Die Zitrone heiß abwaschen und in hauchdünne Scheiben schneiden, ebenfalls dazugeben.

Alles bei mittlerer Hitze etwa 45 Minuten weiter garen. Mit Salz und Pfeffer abschmecken. Fisch-Plaki kann warm oder kalt serviert werden.

In Griechenland schätzt man Gerichte, die heiß und kalt gegessen werden können. Man nennt sie **Plaki** und bereitet sie in allen Varianten mit Gemüse, Fleisch und Fisch zu. Diese Tradition brachten griechische Seefahrer mit nach Südafrika, wo zumindest das Fisch-Plaki ein fester Bestandteil der südafrikanischen Küche geworden ist. Als Beilage zum Fisch-Plaki eignen sich fest kochende Kartoffeln, die vorgegart auch gleich in der Pfanne mitgeschmort werden können.

Scharf gewürzter Fisch mit Tamarinde

Scharf gewürzter Fisch mit Tamarinde

Den Fisch auf der Hautseite mehrfach schräg einschneiden. Den Ingwer und den Knoblauch schälen. Den Ingwer fein raspeln, den Knoblauch sehr fein hacken. Beides mischen und den Fisch damit von innen und außen einreiben.

Die Kokosmilch mit dem Curry, etwas Salz, den geputzten und gehackten Chilischoten und dem Tamarinden-Fruchtfleisch gut vermischen.

Die Fische auf einem heißen Grill von beiden Seiten etwa 8 Minuten grillen, zwischendurch mehrmals wenden.

Anschließend den Fisch mit der Würzpaste rundherum bestreichen und mit etwas Abstand zur Glut etwa 15–20 Minuten langsam weiter grillen, bis er gar ist.

Für 4 Portionen
1,5 kg Fisch z.B. Kabeljau
1 Stück frische Ingwerwurzel, ca. 2 cm
6 Knoblauchzehen
500 ml Kokosmilch
2 Tl scharfes Curry-Pulver
Salz
2 Chilis
100 g Tamarinden-Fruchtfleisch

Zubereitungszeit 20 Minuten
(plus Garzeit)
Pro Portion ca. 325 kcal/1365 kJ
54 g E · 3 g F · 18 g KH

MIT AVOCADOS, CHAMPIGNONS UND CHILIS

MIT KNOBLAUCH, NELKEN UND ZITRONE

MIT WEIN, FRÜHLINGSZWIEBELN UND INGWER

MIT ZUCCHINI, KARTOFFELN UND TOMATEN

MIT KÜRBIS UND CRÈME FRAÎCHE

MIT PORTWEIN UND BAUCHSPECK

Muschel Chowder

Für 4 Portionen
1 Zwiebel
3 Stiele frisches Zitronengras*
3 Knoblauchzehen*
1–2 El Öl
300 ml Milch*
200 ml Kokosmilch*
1 Dose Mais*
½ Zitrone
1,2 kg gekochte Miesmuscheln
Fischsauce
glatte Petersilie

Zubereitungszeit 20 Minuten (plus Zeit zum Ziehen und Garen)
Pro Portion ca. 303 kcal/1270 kJ
29 g E · 7 g F · 29 g KH

Muschel Chowder
Die Zwiebel schälen und fein hacken. Das Zitronengras putzen und waschen, anschließend fein hacken und zerdrücken.

Den Knoblauch schälen und in etwas Öl goldbraun anbraten. Die Zwiebeln und das Zitronengras dazugeben. Die Milch und die Kokosmilch hinzugießen und alles bei schwacher Hitze leicht köcheln lassen.

Den Topf vom Herd nehmen und mindestens 2 Stunden stehen lassen, damit sich das Aroma des Zitronengrases gut entfalten kann.

Anschließend die Milch durch ein feines Sieb passieren. Den Mais abtropfen lassen und fein pürieren. Die Zitrone auspressen und den Saft darunter rühren.

Das Maispüree unter die Milch rühren und erhitzen. Die Muscheln putzen, waschen und geöffnete Exemplare wegwerfen. Die Muscheln zur Milch geben und darin erhitzen.

Das Ganze mit etwas Fischsauce abschmecken. Die Petersilie waschen, trockenschütteln und die Muscheln damit garnieren. Muscheln, die sich nicht geöffnet haben, entfernen.

* Die mit einem Sternchen versehenen Zutaten können ausgetauscht werden. Gewürze und Kräuter je nach Belieben.

Gebäck und Desserts

Nicht nur Obst wird am Kap zum Nachtisch gereicht, auch Gebäck sorgt für einen süßen Abschluss

Obst hat in Südafrika das ganze Jahr über Saison. Im Frühling reifen Erdbeeren, Kirschen und Aprikosen. Sommer und Herbst bringen Melonen und Pfirsiche, gefolgt von Trauben, Datteln, Feigen, Kumquats, Pflaumen, Äpfeln, Papayas, Birnen und Quitten. Im Winter kommen Orangen, Mandarinen und Bananen auf den Tisch.

Ob frisch oder getrocknet, exotisch eingelegt oder zu köstlichen Marmeladen und Konfitüren verarbeitet: Obst bereichert jede Süßspeise um eine fruchtig-frische Note.

Gebäck und Desserts

Beim Gebäck dominiert der europäische Einfluss: die Vorliebe der Engländer für Früchtekuchen, Malva-Pudding und Teegebäck sowie die holländische Vorliebe für schweres Fettgebäck.

Gebäck aus Biskuit- und Mürbeteig führt die Favoritenliste an, doch auch Fettgebäck wie Koeksisters und Melk Tart ist sehr beliebt. Mit dem Zucker wird beim Backen selten gespart, überdies tunkt man das Gebäck gern in Sirup. Auch Puddings nach englischer Art sind zum Dessert keine Seltenheit – anders als in England werden sie jedoch nicht in Wasserdampf gegart, sondern im Backofen gebacken.

Gebäck und Desserts

Natürlich haben auch die Franzosen zur Dessertkultur des Landes beigetragen. Sie widmeten sich neben dem Weinanbau dem Obstanbau und stellten mit köstlichen Konfitüren und Gelees die ersten „Obstkonserven" her. Auch viele Rezepte für Torten, Gebäck und Schokolade gehen auf sie zurück.

Kap-Kuchen

Für 4 Portionen
400 g Datteln
1 Tl Soda-Bikarbonat
125 g Butter
175 g Zucker
3 Eier
250 g Mehl
1 Tl Backpulver
Salz
125 g gehackte Nüsse
Für den Sirup:
250 g Zucker
20 g Butter
1 P. Vanillinzucker
125 ml Cognac
Fett für die Form

Zubereitungszeit 20 Minuten (plus Backzeit)
Pro Portion ca. 1360 kcal/5838 kJ
21 g E · 53 g F · 3 g KH

Die Datteln entkernen und in Streifen schneiden, mit Soda-Bikarbonat in 250 ml kochendes Wasser geben und einmal aufkochen. Anschließend abgießen und abkühlen lassen.

Die Butter mit dem Zucker schaumig schlagen. Die Eier dazugeben und alles zu einer cremigen Masse schlagen. Gesiebtes Mehl mit Backpulver und 1 Prise Salz dazugeben und alles miteinander vermischen.

Die Nüsse mit den Datteln darunter ziehen und alles in eine gefettete Backform geben. Im Backofen bei 180 °C etwa 40 Minuten backen.

Inzwischen für den Sirup 200 ml Wasser mit dem Zucker und der Butter aufkochen lassen. Den Vanillinzucker mit 1 Prise Salz und dem Cognac dazugeben. Den Sirup über den noch heißen Kuchen gießen. Heiß oder kalt mit Sahne servieren.

Weinempfehlung
2005 Shiraz Rosé Moonlight
Organic Viticulture
Wine of South Africa
Western Cape

Das erfrischend fruchtige Rooibos-Sorbet wird mit einem leicht restsüßen Rosé der Rebsorte Shiraz kombiniert. Ein Rosé wird immer aus Trauben roter Rebsorten gekeltert: Die roten Farbstoffe befinden sich in den Beerenschalen und treten erst bei Kontakt zwischen Saft und Schalen in Erscheinung. Der erst seit 1996 liberalisierte Weinhandel in Südafrika macht Riesenfortschritte in alle Richtungen: Dieser Wein ist ein nach ökologischen Kriterien angebauter und gekelterter Wein. Die himbeerige Fruchtfülle im Wein ergänzt die Frische des Sorbets. Die Struktur der roten Rebsorte Shiraz zeigt sich im Mund zusammen mit einer zarten Frucht, die wiederum die Süße des kühlen Sorbets auffängt.

Rooibos Sorbet

Rooibos Sorbet
Den Rooibos-Tee mit dem Zuckersirup und dem Kräuterbrannt vermischen. Diese Flüssigkeit im Gefrierschrank gefrieren lassen und alle 15 Minuten durchrühren bis nach 2–3 Stunden ein Sorbet entstanden ist.

Für 4 Portionen
750 ml kalter Rooibos-Tee
250 ml Zuckersirup
40 ml Kräuterbrannt
2 Eiweiß

Zubereitungszeit 15 Minuten
(plus Gefrierzeit)
Pro Portion ca. 233 kcal/977 kJ
2 g E · 40 g F · 50 g KH

Anschließend mit dem Handmixer zu einer homogenen Masse mixen. Das Eiweiß zu steifem Eischnee schlagen, dazugeben und unterziehen. Alles zugedeckt wieder einfrieren.

Sobald die Masse fest ist, mit einem Eisportionierer Kugeln abstechen. Mit frischem Obst servieren.

In Südafrika wird dieses Gericht mit Fynbos (afrikanischer Schnaps) zubereitet.

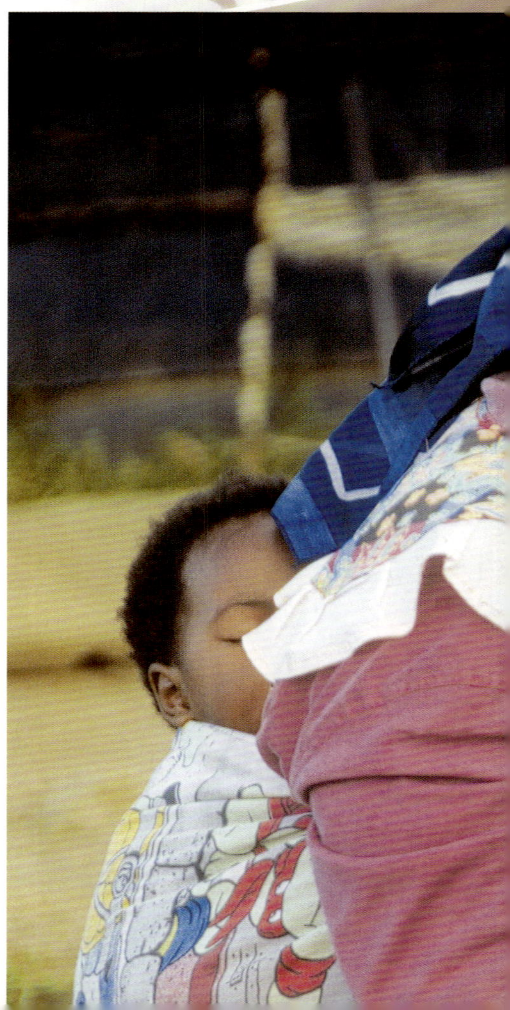

Eigentlich ist **Rooibos- oder Rotbusch-Tee** das südafrikanische Nationalgetränk schlechthin. Außerdem wird er zum Kochen und Backen verwendet und gilt in Kosmetika als Schönheitsmittel. Die weichen, an Kiefernnadeln erinnernden Rooisbos-Blätter wachsen an niedrigen Büschen in den Cedarbergen nördlich von Kapstadt. Der ursprünglich wild wachsende Busch wird heute vor allem um die Ortschaft Clanwilliam angebaut. Nach der Ernte werden die Blätter zerkleinert und anschließend fermentiert. Da Rooibos-Tee gerbstoff- und koffeinfrei ist, ist er wesentlich bekömmlicher als etwa schwarzer Tee. In Europa werden die aromatisierten Varianten des Tees bevorzugt getrunken – beispielsweise mit Vanillearoma.

MIT WEISSER KUVERTÜRE UND KAKAOPULVER

MIT APRIKOSENMARMELADE GEFÜLLT

MIT KUVERTÜRE UND GEHACKTEN MANDELN

MIT KUVERTÜRE UND GERÖSTETEN PINIENKERNEN

MIT KUVERTÜRE UND ROSINEN

MIT WEISSER KUVERTÜRE UND SCHOKOFLOCKEN

Ystervarkies

Für 4 Portionen
2 Eier
85 g Zucker
40 g Mehl
40 g Speisestärke
1 Tl Backpulver
1 El Kakao
200–300 g Schokoladen-kuvertüre*
50 ml Brandy
200 g Kokosraspel*
Pergamentpapier

Zubereitungszeit 45 Minuten (plus Back- und Kühlzeit)
Pro Portion ca. 863 kcal/3622 kJ
14 g E · 55 g F · 77 g KH

Ystervarkies
Den Backofen auf 180 °C vorheizen. Die Eier trennen. Das Eigelb mit der Hälfte des Zuckers und 1 El heißem Wasser dickschaumig schlagen.

Das Eiweiß mit dem restlichen Zucker steif schlagen. Den Eischnee zur Schaummasse dazugeben. Das Mehl mit der Stärke, dem Backpulver und dem Kakao vermischen und darüber sieben.

Die Zutaten locker miteinander vermischen. Den Teig in eine mit Pergamentpapier ausgelegte Form verteilen und im vorgeheizten Backofen bei 180 °C etwa 15 Minuten backen. Herausnehmen, stürzen, das Papier abziehen und die Gebäckplatte auskühlen lassen.

Den Biskuitboden in 3 cm große Würfel schneiden. Die Kuvertüre zerkleinern und im Wasserbad vorsichtig schmelzen. Den Brandy dazugeben und unterrühren.

Die Biskuitwürfel zuerst in Kuvertüre und danach in den Kokosraspeln wenden. Im Kühlschrank kalt stellen und servieren, wenn die Schokolade fest ist.

* Die mit einem Sternchen versehenen Zutaten können ausgetauscht werden. Gewürze und Kräuter je nach Belieben.

Weinempfehlung
2005 Grimont
Sauvignon Blanc Brut
Sparkling Wine of South Africa

Südafrika hat die europäische Sekt-Tradition übernommen, die dafür verwendeten Rebsorten und Weine sollten ein stabiles Säuregerüst haben, das Körper und Struktur garantiert und aus aromatischen Trauben stammen, um dem Sekt die Aromen und Fruchtfülle zu geben. Am Kap verwendet man dafür die klassischen Rebsorten Pinot Noir und Chardonnay, es werden aber auch Sekte aus Verschnitten mit der eher säurebetonten Chenin Blanc oder aus der aromatischen Sauvignon Blanc gekeltert. Dieser zu 100% aus Sauvignon Blanc produzierte Sekt ist rund, erinnert an reife Stachelbeeren, Aprikose und Honigmelone. Er besitzt ein sehr ausgeprägtes Bukett von reifen Fruchtnoten, die sich ideal mit den mit Vanilleeis und aromatisierten Butterkeksen gefüllten Crepes ergänzen. Dieser Sekt ist auch wegen seiner verhaltenen Säure ein guter Gegenpart zum leicht süßen Dessert.

Pfannkuchen

Pfannkuchen

Für 4 Portionen
4 Eier
1/2 Tl Salz
1 El Zucker
300 g Mehl
2 Tl Backpulver
375 ml Milch
Öl zum Ausbacken
300 ml Vanille-Eiscreme
75 g Butterkekse
etwas Sahne-Likör
z.B. Amarula Cream

Zubereitungszeit 15 Minuten (plus Backzeit)
Pro Portion ca. 563 kcal/2363 kJ
22 g E · 17 g F · 80 g KH

Die Eier mit dem Salz und dem Zucker verquirlen. Das Mehl mit dem Backpulver vermischen, unter die Eier rühren und alles mit der Milch glatt verrühren.

Den Teig in einer Pfanne mit etwas Öl zu kleinen dünnen Pfannkuchen ausbacken und warm halten.

Für die Füllung die Eiscreme etwas antauen lassen. Die Butterkekse in einen Gefrierbeutel geben und mit einer Kuchenrolle grob zerkrümeln. Anschließend zur Eiscreme dazugeben und mit etwas Likör unterrühren.

Die Pfannkuchen zu Hörnchen aufrollen, mit Eiscreme füllen und servieren.

Elefanten-Baum wird der Marula-Baum in Südafrika genannt, weil die pflaumengroßen Früchte mit ihrem intensiven Duft Elefanten anlocken. Der Baum wächst ausschließlich wild in den tropischen Gegenden Afrikas. Seinen Früchten wurden aphrodisierende Eigenschaften zugeschrieben, daher spielten sie vor allem in Fruchtbarkeitsriten eine Rolle. Heute wird aus ihnen in erster Linie der **Amarula-Sahnelikör** hergestellt. Das Fruchtfleisch wird aus der Schale gelöst, dann vergoren und anschließend destilliert. Zwei Jahre muss das Destillat nun in Eichenfässern lagern, bevor es mit frischer Sahne zu dem 17-prozentigen Cremelikör verarbeitet wird.

Koeksister sind ein traditionelles und beliebtes Gebäck in Südafrika, das von der Vorliebe der ersten holländischen Siedler für schwere und kalorienreiche Süßspeisen zeugt. Der Legende nach sollen zwei holländische Schwestern sich mit den in Sirup getränkten Teigzöpfen unsterblich gemacht haben. Das Geheimnis der Koeksister liegt in der Vorbereitung: Teig und Sirup am besten einen Tag im Voraus zubereiten, denn der Teig sollte einige Stunden ruhen. Nach dem Flechten sollte der Teig möglichst schnell frittiert und noch heiß in Sirup getaucht werden

Koeksisters

Für 20 Stück

- 1 Stück frischer Ingwer, ca. 6 cm
- 600 g Zucker
- 1 El Zuckerrübensirup
- 1 Tl Zitronensaft
- 200 g Butter
- 100 g Zucker
- 2 Eier
- 900 g Mehl
- 2 Tl Backpulver
- ½ Tl Zimt
- 1 Tl Salz
- 125 ml Milch
- 4 El Sahne
- Öl zum Frittieren
- Mehl zum Ausrollen

Zubereitungszeit 35 Minuten
(plus Frittierzeit)
Pro Stück ca. 387 kcal/1625 kJ
6 g E · 10 g F · 68 g KH

Koeksisters

Für den Sirup den Ingwer schälen, reiben und mit 375 ml Wasser, Zucker, Zuckerrübensirup und Zitronensaft unter Rühren etwa 10 Minuten lang kochen und anschließend abkühlen lassen.

Die Butter mit dem Zucker cremig rühren. Nach und nach die Eier unterrühren. Das Mehl mit Backpulver, Zimt und Salz vermischen. Die Milch mit der Sahne verrühren.

Alles mit 2/3 des Mehls zu einem Teig verrühren, restliches Mehl unterkneten. Den Teig auf einer bemehlten Arbeitsfläche etwa 1 cm dick ausrollen.

Teig in schmale Streifen schneiden und daraus kleine etwa 12–15 cm lange Zöpfe flechten. Die Zöpfe auf ein leicht bemehltes Brett legen.

Das Öl erhitzen und die Koeksisters darin goldbraun ausbacken. Herausnehmen, auf Küchenpapier abtropfen lassen und danach in den kalten Zuckersirup tauchen. Koeksisters kalt servieren.

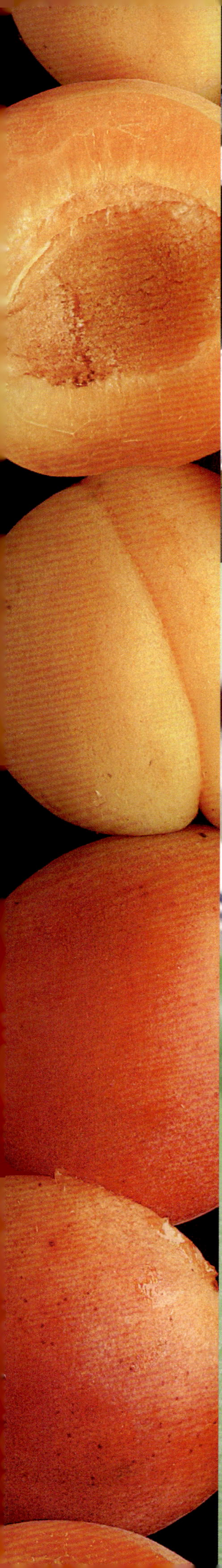

Roly-Poly

Roly-Poly

Das Mehl mit Backpulver und 1 Prise Salz vermischen, anschließend mit der Hälfte der Butter verkneten. Die Milch mit den Eiern verquirlen, dazugeben und zu einem festen Teig kneten. Den Teig zugedeckt 1 Stunde ruhen lassen.

Eine Arbeitsfläche bemehlen und den Teig darauf zu einem Rechteck ausrollen. Die Marmelade glatt rühren, eventuell leicht erwärmen oder mit wenig Wasser verdünnen. Den Teig damit bestreichen, anschließend aufrollen und in eine gebutterte Kuchenform legen.

Die restliche Butter mit dem Zucker, dem Vanillinzucker und 300 ml heißem Wasser glatt rühren und anschließend über die Teigrolle gießen.

Im Backofen bei 175 °C etwa 1 Stunde backen. Herausnehmen, vorsichtig stürzen und abgekühlt servieren.

Für 4 Portionen
250 g Mehl
1 El Backpulver
Salz
60 g Butter
1–2 El Milch
2 kleine Eier
150 g Aprikosenmarmelade
200 g Zucker
1 P. Vanillinzucker
Butter für die Kastenform

Zubereitungszeit 25 Minuten
(plus Ruhe- und Backzeit)
Pro Portion ca. 465 kcal/1953 kJ
4 g E · 16 g F · 76 g KH

In Südafrika wird neben Kaffee gern und häufig **Tee** getrunken. Spitzenreiter auf der Beliebtheitsskala ist dabei Rotbusch oder Rooibos Tee, der in den Bergen um Clanwilliam und Nieuwoodtville angebaut wird und sich durch ein feines, fruchtiges Aroma auszeichnet, ohne dabei über aufputschendes Koffein zu verfügen. Ein ideales Getränk zum Durstlöschen. In Südafrika wird der Tee meist Natur serviert, die in Europa üblichen aromatisierten Mischungen sind dort kaum erhältlich.

Hertzogies

Für ca. 12 Stück
50 g Butter
275 g Zucker
3 Eier
1 Tl Vanillinzucker
500 g Mehl
Salz
2 El Milch
3 Eiweiß
275 g Kokosraspel
12 Tl Aprikosenmarmelade
Mehl zum Ausrollen

Zubereitungszeit 30 Minuten
(plus Ruhe- und Backzeit)
Pro Stück ca. 280 kcal/1176 kJ
3 g E · 18 g F · 27 g KH

Hertzogies
Die Butter mit 50 g Zucker schaumig rühren. Die Eier mit dem Vanillinzucker darunter schlagen.

Das Mehl mit einer Prise Salz vermischen und dazugeben. Alles mit etwas Milch zu einem festen Teig verarbeiten. Den Teig zugedeckt 1 Stunde ruhen lassen.

Den Backofen auf 190 °C vorheizen. Den Teig anschließend auf einer bemehlten Fläche etwa 5 mm dick ausrollen.

Aus der Teigplatte Kreise ausstechen und in kleine gebutterte Tartelette-Förmchen drücken.

Für die Baiserhaube das Eiweiß halbsteif schlagen, den restlichen Zucker dazugeben und das Eiweiß steif schlagen. Die Kokosraspel unterrühren.

Je 1 Tl Aprikosenmarmelade in die Förmchen geben. Die Kokosmasse gleichmäßig darüber verteilen.

Im vorgeheizten Backofen bei 190 °C etwa 15 Minuten backen, bis der Boden knusprig und die Füllung goldbraun ist.

Die Hertzogies sind nach General J. B. M. Hertzog benannt, dem ersten Premierminister der Union of South Africa von 1924–1939. Der Boden der Hertzogies besteht aus einer Art **Mürbeteig**. Er ist sehr fettreich und eignet sich hervorragend für Tortenböden und Plätzchen. Es ist sehr wichtig, dass Mehl und Fett miteinander verrührt sind, bevor die Milch zugegeben wird, da der Teig ansonsten pappig wird. Außerdem sollte man Mürbeteig nie zu lange kneten, da er beim Ausrollen sonst schnell reißt.

Weinempfehlung
(Chardonnay, Pinot Noir)
Simonsig Kaapse Vonkel Brut
South African Quality Sparkling
Wine of Origin Stellenbosch

Dieser Quality Sparkling Wine aus dem Gebiet Stellenbosch wurde aus zwei der drei klassischen Champagner-Rebsorten gekeltert: Pinot Noir und Chardonnay. Die Angabe der Bezeichnung „Methode Cap Classique" beschreibt die Herstellungsweise nach der traditionellen Flaschengärung, die zweite Gärung findet demnach in der Flasche statt. Dadurch erhalten die Weine eine sehr feine Perlage und eine elegante Struktur. Die für Pinot Noir typischen Aromen von roten Beeren und leichten Pfeffernoten verbinden sich perfekt mit der delikaten Fruchtigkeit der Chardonnay-Traube. Damit ist dieser „Sparkling Wine" der ideale Partner zur süß-üppigen Nachspeise.

Wasserbock-Gebäck

Wasserbock-Gebäck
Für den Sirup den Zucker in 1 1/4 l Wasser in einem Topf erhitzen und auflösen.

Das Mehl mit dem Salz, dem Zimt und dem Backpulver in einer Schüssel vermischen. Die Aprikosenmarmelade mit so viel kaltem Wasser unterrühren, dass ein glatter, nicht zu fester Teig entsteht.

Den Teig löffelweise in den heißen Sirup geben.

Den Deckel fest schließen und die Teigbällchen portionsweise etwa 10 Minuten darin garen lassen.

Herausnehmen und noch heiß mit Vanillesauce, Gelee und frischen Beeren anrichten.

Für 4 Portionen
500 g Zucker
500 ml Mehl
1 Prise Salz
1 Tl Zimt
2 Tl Backpulver
2 El Aprikosenmarmelade
Vanillesauce zum Servieren
Johannisbeergelee
350 g frische Beeren, z. B. Himbeeren, Johannisbeeren

Zubereitungszeit 20 Minuten (plus Garzeit)
Pro Portion ca. 933 kcal/3917 kJ
12 g E · 1 g F · 215 g KH

Das **Wasserbock-Gebäck** ist nach einer afrikanischen Antilopenart benannt. Vielleicht, weil die Tiere relativ genügsam sind und auch in karger Savanne überleben können. Auch das Gebäck ist eher einfach, schnell zubereitet und, da es ohne Fett und Eier hergestellt wird, in Kombination mit frischem Obst und Vanillesauce ein echter Genuss. Wer mag, kann das Naschwerk auch kalt essen.

MIT KOKOSMILCH UND FRÜCHTEN

MIT KOKOSMILCH UND MANGO-CHILI-KOMPOTT

MIT APFEL-ZIMT-SAUCE

MIT CHUTNEY

MIT BIRNEN UND PREISELBEEREN

MIT IN ALKOHOL MARINIERTEM TROCKENOBST

Malva-Pudding

Für 4 Portionen
375 ml Sahne
155 g Butter
Salz
350 g Zucker
3 El Aprikosenmarmelade*
1 Ei
1 Tl Backpulver
125 ml Milch
250 ml Mehl
1 El Essig
Butter für die Förmchen

Zubereitungszeit 35 Minuten (plus Backzeit)
Pro Portion ca. 895 kcal/3759 kJ
7 g E · 53 g F · 99 g KH

Malva-Pudding
Für die Sauce die Sahne mit 125 g Butter, 1 Prise Salz, 250 g Zucker und 1 El Aprikosenmarmelade in einem Topf aufkochen und etwa 2 Minuten köcheln lassen.

Die restliche Butter mit 100 g Zucker in eine Schüssel geben und schaumig rühren. Restliche Marmelade und das Ei unterrühren.

Das Backpulver in der Milch auflösen, das Mehl mit 1 Prise Salz vermischen und esslöffelweise unter die Milch mischen. Anschließend den Essig unterrühren. Zum Teig geben und unterrühren. Anschließend alles in 4 gebutterte feuerfeste Förmchen geben.

Die Hälfte der Sauce darüber gießen. Die Förmchen mit Alufolie verschließen und im vorgeheizten Backofen bei 175 °C etwa 30 Minuten backen lassen.

Die Folie abnehmen, restliche Sauce darüber gießen und offen 15 Minuten weiter backen, bis der Pudding gar ist und die Sauce am Rand Bläschen wirft. Den Pudding heiß servieren.

* Die mit einem Sternchen versehenen Zutaten können ausgetauscht werden. Gewürze und Kräuter je nach Belieben.

Weinempfehlung
2004 Landau Semi Sweet Blaauwklippen
(Muscat Ottonel und Gewürztraminer)
Wine of Coastal Region

Das Dessert mit den Hauptbestandteilen Orange, Zimt und Zucker wird hervorragend von diesem „semisweet wine“ abgepuffert. Die deutliche, aber keineswegs aufdringliche Süße unterstützt den süßen Charakter der Speise. Aromen von Mandeln, Marzipan und eingelegten Früchten ergänzen den Nachtisch mit süßen Komponenten. Die aromatischen Rebsorten Gewürztraminer und Muscat Ottonel sind klassisch für Süßwein, die von Natur aus zu hohen Zuckergraden tendieren und entsprechend der Ausbauweisen nach der Gärung einen restsüßen Charakter besitzen. Die Heimat des Gewürztraminer (aus Tramin in Südtirol und vor allem im Elsass angebaut) und des Muscat Ottonel (eine frühreifende Muskatsorte, die nördlich der Alpen angebaut wird) ist Europa, wo sie, wie in Südafrika, nur in kleinerer Menge angebaut werden.

Gebackene Naartlies

Gebackene Naartlies
Den Backofen auf 225 °C vorheizen. Die Mandarinen waschen und abtrocknen, anschließend halbieren und mit der Hälfte des Zuckers bestreuen.

Eine Pfanne stark erhitzen, die Mandarinen darin kurz anbraten. Anschließend auf ein mit Backpapier ausgelegtes Backblech legen.

Für 4 Portionen
6 Mandarinen*
150 g brauner Zucker
12 kurze Zimtstangen
250 ml Orangensaft
Backpapier
Vanilleeis zum Servieren

Zubereitungszeit 15 Minuten
(plus Backzeit)
Pro Portion ca. 224 kcal/939 kJ
1 g E · 1 g F · 52 g KH

Je 1 Zimtstange in die Mitte jeder Mandarinenhälfte stecken.

Im vorgeheizten Backofen bei 220 °C etwa 10 Minuten backen. Restlichen Zucker mit Orangensaft unter Rühren erhitzen und 5 Minuten köcheln.

Die Mandarinen damit begießen und mit Vanilleeis servieren.

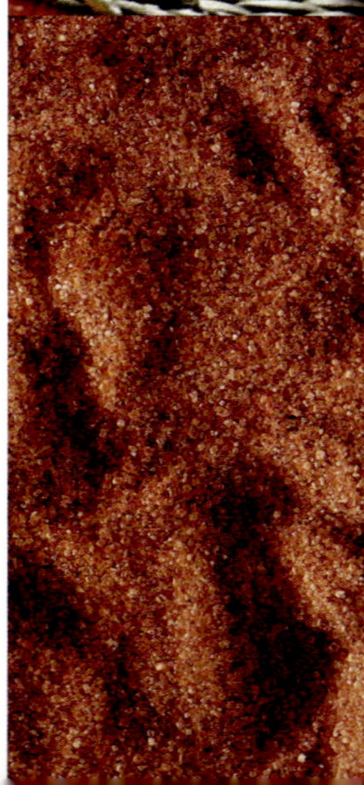

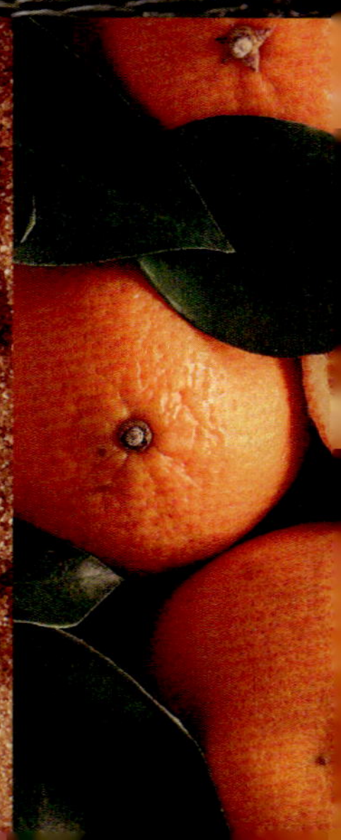

Die Südafrikaner bezeichnen **Mandarinen** als **Naartlies**. Von allen Zitrusfrüchten sind sie die süßesten und lassen sich am leichtesten schälen. Geerntet werden Mandarinen in Südafrika zwischen November und Januar, weshalb sie in Deutschland vor allem mit der Weihnachtszeit in Verbindung gebracht werden. Da Mandarinen 12 bis 15 Kerne enthalten, werden mittlerweile bevorzugt Clementinen angebaut, eine kernlose Unterart der Mandarine.

Die südafrikanischen Melk Tarts sind ein klassisches **Blätterteiggebäck**. Durch das Einarbeiten hauchdünner Fettschichten in den Teig wird beim Backen das Verdampfen des Wassers verhindert und der Teig bläht sich auf. Das Ausrollen und Falten des Teiges wird tourieren genannt. Je nachdem, wie häufig der Teig touriert wird, besitzt er zum Schluss mehrere hundert Schichten. Zwischen jeder Tour sollte man den Teig etwa 15 Minuten kühlen, da das Gebäck so am leichtesten gelingt. Beim Blitzblätterteig – einer holländischen und damit auch in Südafrika gepflegten Variante – entfällt dieses Kühlen zwischen den Touren allerdings.

Melk Tart

Für 4 Portionen
500 g Mehl, Salz
1 Eigelb
2 El Zitronensaft
250 g kalte Butter
ca. 300 ml Milch
1 Zimtstange
je 1 El Butter, Mehl
3 El Maisstärke
4 Eier
100 g Zucker
3 El Zimtzucker
Mehl zum Ausrollen

Zubereitungszeit 45 Minuten
(plus Kühl- und Backzeit)
Pro Portion ca. 718 kcal/3014 kJ
23 g E · 15 g F · 121 g KH

Melk Tart

Mehl und ½ Tl Salz vermischen. Mit Eigelb, Zitronensaft und etwas Wasser zu einem Teig verkneten.

Den Teig auf etwas Mehl ca. 1 cm dick ausrollen. Butter klein würfeln. Den Teig damit belegen und von beiden Seiten zur Mitte hin falten.

Teig erneut ausrollen und erneut falten. Diesen Vorgang etwa 5-mal wiederholen, bis sich die Butter mit dem Teig verbunden hat. Teig etwa 45 Minuten kalt stellen.

Backofen auf 200 °C vorheizen. 225 ml Milch mit Zimtstange, Butter und ½ Tl Salz aufkochen, restliche Milch mit Mehl und Stärke verrühren und binden.

Zimtstange entfernen, den Topf vom Herd nehmen. Eier trennen, Eigelb mit Zucker unterschlagen. Eiweiß zu steifem Schnee schlagen und unterheben.

Den Teig dünn ausrollen und etwa 5 x 5 cm große Qudrate ausschneiden. Zimtmasse auf die Hälfte der Quadrate verteilen und mit der anderen Hälfte die Teigquadrat bedecken. Die Teigränder andrücken. Im vorgeheizten Backofen bei 200 °C etwa 10 Minuten backen. Hitze auf 175 °C reduzieren und etwa 8 Minuten weiter backen. Herausnehmen und mit Zimtzucker bestreuen.

Bezugsquellennachweis der Weine

Seite 29
2003 KWV Roodeberg
KWV Paarl, Wine of Western Cape
Kontakt: Eggers & Franke
GmbH & Co. KG
Tel.: (0421) 3053-0
office@egfra.de

Seite 39
2004 Shiraz African Collection
Wine of Origin Robertson
Kontakt: www.myglas.com
Semmler's Weinhandel GbR
Tel.: (06022) 8811
info@myglas.com

Seite 48
2005 Pinotage
Diemersfontein, Wellington
Kontakt: Anita Michel Weinimport
Tel.: (06127) 2760
robani@t-online.de

Seite 53
2004 Chardonnay Zonnebloem
Wine of Origin Stellenbosch
Kontakt: Weinwelt GmbH
Tel.: (07021) 5701-570
dialog@weinwelt.de
www.weinwelt.de

Seite 60
2004 Sauvignon Blanc Lanzerac
Wine of Origin Stellenbosch
Kontakt: Apollo Weinkontor GmbH
Tel.: (06485) 1830333
hrzenzen@aol.com

Seite 65
2004 Bergsig Estate Chardonnay
Estate Wine of Origin Breede
River Valley
Kontakt: Joh. Eggers Sohn
Tel.: (0421) 8301-460
info@eggerssohn.com

Seite 79
2004 Kadette Kanonkop
(Pinotage, Cabernet Sauvignon, Merlot)
Wine of Origin Stellenbosch
Kontakt: Weinland Ariane Abayan
GmbH & Co. KG
Tel.: (040) 480035-0
weinland@abayan.de
www.abayan.de

Seite 82
2004 Sauvignon Blanc Zevenwacht,
Stellenbosch
Wine of Origin Stellenbosch
Kontakt: Bernard-Massard
Tel.: (0651) 7196-0
info@bernhard-massard.de
www.bernhard-massard.de

Seite 86
2003 Chardonnay De Meye,
Stellenbosch
Wine of Origin Stellenbosch
Kontakt: Kapwein.de
Tel.: (08845) 12507
info@kapwein.de
www.kapwein.de

Seite 104
2005 McGregor Rosé
Wine of Origin McGregor
Kontakt: Weinland Ariane Abayan
GmbH & Co. KG
Tel.: (040) 480035-0
weinland@abayan.de
www.abayan.de

Seite 109
2002 Three Cape Ladies
Warwick Estate, Stellenbosch
Kontakt: Eggers & Franke
GmbH & Co. KG
Tel.: (0421) 3053-0
office@egfra.de

Seite 110
2004 Chardonnay Vergelegen
Wine of Origin Stellenbosch
Kontakt: Weinland Ariane Abayan
GmbH & Co. KG
Tel.: (040) 480035-0
weinland@abayan.de
www.abayan.de

Seite 122
2005 Chenin Blanc Leopard's Leap
Wine of Western Cape
Kontakt: TxB International
Fine Wines GmbH
Tel.: (069) 463088-0
info@txb-finewines.com
www.txb-finewines.com

Seite 127
2001 Meifort Buitenverwachting
Wine of Origin Constantia
Kontakt: Weinland Ariane Abayan
GmbH & Co. KG
Tel.: (040) 480035-0
weinland@abayan.de, www.abayan.de

Seite 134
2003 Shiraz Golden Triangle
Stellenzicht Wines, Stellenbosch
Kontakt: Weinwelt GmbH
Tel.: (07021) 5701-570
dialog@weinwelt.de
www.weinwelt.de

Seite 146
2003 Zinfandel Wineyard Selection
Blaauwklippen, Wine of Coastal Region
Kontakt: www.myglas.com
Semmler's Weinhandel GbR
Tel.: (06022) 8811
info@myglas.com

Seite 151
2003 Kumala Reserve Merlot
Western Cape, Wine of South Africa
Kontakt: Reh Kendermann GmbH
Tel.: (06721) 9010
info@reh-kendermann.de
www.reh-kendermann.de

Seite 158
2003 Pinotage Sensory
Stellar Winery, Western Cape
Kontakt: Peter Riegel Weinimport GmbH
Tel.: (07774) 9313-0
info@riegel.de
www.riegel.de

Seite 163
2004 Leopard's Leap
(Pinotage, Shiraz)
Wine of Western Cape
Kontakt: TxB International Fine Wines GmbH
Tel.: (069) 463088-0
info@txb-finewines.com
www.txb-finewines.com

Seite 178
2002 Shiraz Private Cellar
La Motte, Franschhoek Valley,
Kontakt: TxB International Fine Wines
Tel.: s.o.

Seite 183
2003 Pinotage Paradyskloof
Wine of Origin Stellenbosch
Kontakt: Weinland Ariane Abayan GmbH & Co. KG
Tel.: (040) 480035-0
weinland@abayan.de
www.abayan.de

Seite 190
2003 Cabernet Sauvignon
Golden Kaan Winemakers Reserve, Stellenbosch
Kontakt: Golden Kaan Limited
Tel.: (06721) 188-0
ckrebs@goldenkaan.com
www.golden-kaan.com

Seite 195
2005 Sauvignon Blanc
„Professor Black"
Warwick Estate
Stellenbosch
Kontakt: Eggers & Franke GmbH & Co. KG
Tel.: (0421) 3053-0
office@egfra.de

Seite 204
2004 Laborie Chardonnay
Wine of Origin Coastal Region
Kontakt: Eggers & Franke GmbH & Co. KG
Tel.: (0421) 3053-0
office@egfra.de

Seite 209
2003 Cabernet Sauvignon
Manor House Collection, Nederburg
Western Cape
Kontakt: Mack & Schühle
Tel.: (07021) 5701-0
dialog@weinwelt.de
www.mack-schuehle.de

Seite 216
2005 Chenin Blanc Simonsig
Wine of Origin Stellenbosch
Kontakt: Pellegrini & Grundmann
Tel.: (06341) 1410-0
info@pellegrini.de
www.pellegrini.de

Seite 221
2005 KWV Chardonnay, Paarl
Wine of Western Cape
Kontakt: Eggers & Franke GmbH & Co. KG
Tel.: (0421) 3053-0
office@egfra.de

Seite 234
2005 Shiraz Rosé Moonlight
Organic Viticulture
Wine of South Africa,Western Cape
Kontakt: Peter Riegel Weinimport GmbH
Tel.: (07774) 9313-0
info@riegel.de
www.riegel.de

Seite 238
2005 Grimont Sparkling Wine
Sauvignon Blanc Brut
Kontakt: Bacchus Weinhaus Graf Eltz GmbH
Tel.: (06721) 408140
info@bacchus.de
www.bacchus.de

Seite 246
Kaapse Vonkel Brut Sparkling Wine
South African Quality Sparkling
Wine of Origin Stellenbosch
Kontakt: Pellegrini & Grundmann
Tel.: (06341) 1410-0
info@pellegrini.de
www.pellegrini.de

Seite 250
2004 Landau Semi Sweet
Blaauwklippen
Wine of Coastal Region
Kontakt: www.myglas.com
Semmler's Weinhandel GbR
Tel.: (06022) 8811
info@myglas.com

Rezeptverzeichnis